25
200-7 KODAK
26
KODAK 200-7
27
200-7 KODAK
28
25
25A
26
26A
27
27A
28

WDR FERNSEHEN LOKALzeit Münsterland

Norma Rehmann · Angelika Gördes-Giesen

Kuchenbuffet

Landwirtschaftsverlag GmbH
Münster-Hiltrup

Von Meisterinnen in Möhrentorte ...

An Alwines Geburtstag hat alles angefangen. Wir waren rund 30 Gäste, Kinder, Enkelkinder, Geschwister. Alwine hatte für ihren Geburtstag die Kaffeetafel vorbereitet – mit neun Torten! Alwine ist meine Schwiegermutter, und bei ihr gibt es keinen gekauften Kuchen, wenn Gäste kommen. Das ist so bei Landfrauen, und sie ist eine. Und sie backt einfach leckere Kuchen.

Solche Feiern kennt wohl jeder in Westfalen-Lippe, und so fanden wir von der „Lokalzeit Münsterland" des WDR Fernsehens, ein „Kuchenbuffet" würde unsere Sendung abrunden. Aber: Ob es wohl genug Kuchenrezepte gäbe, ob die Reihe wohl auf Interesse stoßen würde – als Redakteure hatten wir schon ein paar Bedenken.

Die Meisterinnen in Möhren- und Mohntorte im Münsterland haben uns eines Besseren belehrt. Vor allem die Landfrauen – aber auch Schulklassen, Kindergartenkinder, Oberbürgermeister, Ordensleute –, sie alle haben für die „Lokalzeit Münsterland" gebacken, was ihre Rezeptsammlungen hergaben. Vom „einfachen" Butterkuchen bis hin zur komplizierten vierstöckigen Sahnetorte – nach den ersten 70 Rezepten auf Sendung ist das „Kuchenbuffet" die Sahneschnitte in der „Lokalzeit Münsterland".

Viele von unseren Zuschauern haben uns immer wieder gefragt, ob es das „Kuchenbuffet" nicht als Backbuch gäbe. Hier haben Sie es – und hoffentlich viel Freude beim Nachbacken. Wir von der „Lokalzeit Münsterland" werden weiter Rezepte sammeln und senden. Vielleicht steuern Sie ja eines bei? Ich weiß jedenfalls, wo die Torten am Ende landen – auf den Kaffeetafeln bei Familienfeiern, nicht nur von meiner Schwiegermutter Alwine.

Bettina J. Feldhaus

Fernsehleiterin WDR Münster

Platz ist in der kleinsten Küche

Die richtige Mischung macht's, nicht nur beim Kuchenteig, sondern auch beim Team des WDR-Kuchenbuffets. Wenn wir rausfahren zum „Kuchendreh“ – so nennen wir die Drehtage – komplettieren jeweils der Kameramann Kamal Saydo bzw. Hans-Georg Hüne, sowie Tonmann Peter Leuenberger die Crew. Die drei verbindet die Liebe zum Detail: Ein schönes Bild zu gestalten, mit zusätzlichem Licht Akzente zu setzen und so lange zu tüfteln, bis alle mit dem Ergebnis zufrieden sind, darin besteht für sie der Anreiz, als festes Team an der Serie mitzuarbeiten. Worin wir uns einig sind: Backen soll Spaß machen, und es muss schmecken. Den Abschluss eines jeden Drehtages bildet deshalb natürlich der Geschmackstest, die gemütliche Kaffeerunde danach. Zurück im Studio freuen sich Cutter oder Cutterin, wenn sie die neue Folge Kuchenbuffet nicht nur schneiden sollen, sondern die Kreation auch probieren können.

Vier Tage für vier Minuten

4 Minuten 30 Sekunden ist die Standardlänge eines Kuchenfilms, aber bis zum fertigen Produkt, das jeden Samstag zwischen 19.30 und 20 Uhr in der WDR Lokalzeit Münsterland über den Bildschirm flimmert, vergehen mindestens vier bis fünf Tage: Rezept-Besprechungen mit den Bäcker-/innen, Vorbesichtigung der Küche und Teambesprechungen, all das ge-

hört dazu. Dann erst rückt das WDR-Team aus. Mindestens für sechs bis acht Stunden arbeiten Autorin, Kameramann und Tontechniker am Drehort „Küche“, der auch schon mal ein Garten, eine Backstube oder ein Bauernhofcafé sein kann.

„Das funktioniert nicht“, diesen Satz kennt keiner im Team. Miniküche, Altbau oder Neubau, Schulküche, Bauernhof oder Klosterküche – jeder Drehort stellt andere Anforderungen an das Team und Improvisieren gehört zu fast jedem Kuchendrehtag. Jeder Arbeitsgang wird in der Küche gefilmt: Zutaten bereit stellen, Eier aufschlagen, rühren, mixen, unterheben und Backformen füllen, all das braucht Zeit. Die Geduld der Bäcker/-innen wird arg strapaziert, da hilft eine Kaffeepause zwischendurch.

Notfalls mit Puderzucker

Unverhoffte Schwierigkeiten, die das Team mit Hilfe der Bäcker/-innen bisher immer gemeistert hat, auch wenn manchmal etwas nachgeholfen werden musste. So lässt sich ein verbrannter Kuchen mit Puderzucker bestäuben. Das Ergebnis: eine weiße Haube als Dekoration, die gar nicht vorgesehen war.

Jetzt, nach einem Jahr, verstehen sich alle im Team blind. Beim Stichwort „Drehteller“ weiß jeder, was zu tun ist. Diese Requisite präsentiert die Kuchen von allen Seiten und überall egal ob im Spargelacker, auf dem Erdbeerfeld, unter dem Stachelbeerbaum, auf der Fensterbank. Das gute alte Ausstattungsstück des Studios kommt so zu neuer Geltung und ist mittlerweile die Visitenkarte des Kuchenbuffets im WDR. Damit es aber überhaupt etwas zu präsentieren gibt auf dem Lokalzeit Kuchenbuffet, sind wir auf engagierte Münsterländer/-innen angewiesen, die uns ihre Rezepte verraten und auch noch bereit sind, uns etwas vorzubacken. Wir danken allen Bäckern und Bäckerinnen dafür, dass sie uns in ihre Küchen gelassen und mit viel Geduld und guten Ideen die „Kuchenfilme“ ermöglicht haben.

Norma Rehmann *(links)*
Angelika Gördes-Gieser *(rechts)*

Anni Lütke-Wentrup *(Münster-Hiltrup)*

Anni Lütke-Wentrup freut sich, wenn Benjamin zu Besuch kommt. Er wohnt gleich nebenan und schaut gerne vorbei. Nicht nur Kuchendüfte ziehen ihn an, sondern auch der alte Hof in der Nähe des Steiner Sees in Münster. Die Geschichte des Hofes lässt sich fast 1000 Jahre zurück verfolgen: ein Stück Siedlungsgeschichte Westfalens, von der die Hiltruper Heimatchronik zu berichten weiß.

Heute arbeiten Anni Lütke-Wentrup und ihr Mann nur noch im Garten, aus der Landwirtschaft sind sie schon vor einigen Jahren ausgestiegen. Ställe und Felder sind verpachtet.

So wächst frisches Gemüse direkt vor der eigenen Haustür, eingesät, umsorgt, gepflegt und geerntet von einem ambitionierten Gemüsebauer, den viele Münsteraner schätzen, denn sein Gemüse kommt frisch auf den Tisch, in diesem Fall direkt vom Hiltruper Acker.

Überschattet wird das Gemüsefeld von einer mächtigen Eiche, die seit über 130 Jahren auf dem Hof wächst. Bei ihrer Pflege erhält Anni Lütke-Wentrup Hilfe vom staatlichen Umweltamt. Den Baumschnitt und kleinere Operationen, um ausgehöhlte Äste wieder zu sanieren, können Spaziergänger jedes Jahr im Frühjahr beobachten – Naturschutz praktisch.

Anni Lütke-Wentrup hat also alle Hände voll zu tun, zumal auch die Pflege der Eltern für sie zum Hofleben dazu gehört. Kein Wunder also, dass zum Backen oftmals die Zeit fehlt. Aber wenn die Pfarrgemeinde St. Marien einlädt, dann wird bestimmt gebacken.

Seit vielen Jahren ist Anni Lütke-Wentrup in der kirchlichen Sozialarbeit engagiert, seit 13 Jahren führt die gelernte Bankfachfrau die Bücher des Sozialausschusses. Sie weiß, wo das Geld bleibt, aber auch wo es Geld gibt, wenn neue Aktionen geplant sind und Veranstaltungen finanziert werden müssen.

Herzchen-Waffeln

einfach

Zutaten

125 g Butter
50 g Honig (1 EL)
2 Eier
abgeriebene Zitronenschale, je nach Geschmack
200 g Weizenvollkornmehl
1/2 Päckchen Weinsteinbackpulver
1 Becher Magermilchjoghurt (150 g)
1–2 EL Rum oder Weinbrand
(für alle, die keinen Alkohol mögen: es reicht auch Rumaroma)

Zutaten für die pikanten Waffeln:
125 g Butter oder Margarine
2 Eier
1/2 TL Kräutersalz
200 g Weizenvollkornmehl
1/2 Päckchen Weinsteinbackpulver
1 1/2 Becher Magermilchjoghurt (225 g)
100 g roher oder gekochter Schinken (klein schneiden)
75 g Käse (Gouda, klein schneiden)
1 EL Parmesankäse

Butter schaumig schlagen, Honig und Eier zugeben, dann die übrigen Zutaten in der o. g. Reihenfolge unterrühren. Zum Schluss die Waffeln im bereits vorgeheizten Waffeleisen backen. Am besten schmecken sie lauwarm.

Als Belag / Füllung eignen sich: Sahne, Kirschen, Ahornsirup oder Vanilleeis und Früchtekompott.

Wer einen herzhaften schnellen Imbiss mag, kann die Waffeln auch pikant füllen, z. B. mit Schinken und Käse. Das geht schnell und füllt hungrige Faschingsmägen zwischendurch.

Tipp

Das Weizenvollkornmehl lässt sich auch durch andere Vollkornmehle ersetzen.

Hildegard Heimann *(Senden)*

Lust auf Torte und natürlich auch auf Fernsehen hatte die Abschlussklasse 2000 der Geschwister-Scholl-Realschule in Senden. Hauswirtschaftslehrerin Hildegard Heimann hatte eine Idee: Warum nicht das Angenehme mit dem Nützlichen verbinden und den Hauswirtschaftsunterricht durch einen Auftritt im WDR-Kuchenbuffet attraktiver gestalten? Doch bis im März die tropische Sonne über dem Kuchenbuffet aufging, vergingen viele Stunden Kochunterricht. Kuchenvariationen mit verschiedensten Teigarten standen auf dem Lehrplan. In kleinen Gruppen wurden jede Menge Rezepte ausprobiert. Klassisches und Neues, Rührteig, Mürbeteig, Hefeteig – die Entscheidung fiel schwer. Zum Schluss wurde abgestimmt und die Neu-Kreation „Tropic Sun" machte das Rennen vor der Smarties-Torte. Das Zugeständnis an die „Verlierer": Das Rezept wurde erweitert, schließlich wollte man auf den leckeren Orangenpudding aus andere Kuchenvorschlägen nicht verzichten. Für das Siegerrezept sprachen vor allem der vitaminreiche Belag aus frischen Früchten, ein einfach herzustellender Biskuitteig und die Dekorations-Ideen: Auf welcher klassischen Torte scheint die Sonne über Palmen? Orangen, Kiwis und Ananas machen es möglich.

Bevor das Kamerateam anrückte, wurde kräftig geübt. Mit dabei nicht nur die Mädchen, sondern auch die Jungs der Klasse 10, z. B. Eduard Hartmann. Er sitzt zwar in seiner Freizeit lieber vor dem Computer, aber den Kochunterricht empfand er als ganz brauchbar. Schließlich muss der Hunger besiegt werden und dafür sind ein paar Küchentricks und Kniffe ganz hilfreich.

Für einen perfekten Kuchen-Drehtag sorgten die Regieanweisungen von Hildegard Heimann, schließlich weiß sie seit 25 Jahren, welche Küchenhandgriffe sitzen müssen. Rühren, Teig abbacken und diese Zeit nutzen um Pudding zu kochen. Wenn auch manches erst beim zweiten Anlauf klappte, die Torte jedenfalls schmeckte. Davon konnten sich alle beim gemeinsamen Kaffeetrinken nach den Dreharbeiten überzeugen.

Tropic Sun

aufwendig

Zutaten

Biskuitteig
- 3 Eier, 100 g Zucker
- 1 Päckchen Vanillezucker
- 2 EL warmes Wasser
- 80 g Kokosraspel
- 100 g Mehl, 1 gestr. TL Backpulver

Füllung
- 4 EL Pfirsich-Maracuja-Marmelade
- 8 Kokoskonfekt, 1 große Banane

Orangenpudding
- 2–3 Orangen, 1 Zitrone
- 40 g Speisestärke
- 1/4 l Milch, 60 g Zucker
- 1 Päckchen „Orange back"
- 1 Pr. Salz, 200 g Sahne
- einige Tropfen Lebensmittelfarbe „gelb"
- 1 Päckchen Sahnesteif

Fruchtbelag
- 2 Apfelsinen, 2 Scheiben Ananas, 1 Kiwi

Guss
- 1/4 l klarer heller Fruchtsaft (z. B. Zitronensaft oder Ananassaft)
- 1 Päckchen heller Tortenguss
- rote Lebensmittelfarbe
- 50 g Zartbitter-Kuvertüre

Den Backofen auf 170° vorheizen. Für den Biskuitteig die Eier trennen. Das Eiweiß steif schlagen, dabei abwechselnd Zucker, Vanillezucker und warmes Wasser zugeben. Das Eigelb einrühren. Kokosraspel, Mehl und Backpulver mischen und unterheben. Den Teig in eine mit Backpapier ausgelegten Springform (26 bis 28 cm Durchmesser) füllen und bei Ober- und Unterhitze ca. 25 Minuten backen. Den Biskuitboden abkühlen lassen, mit einem Faden halbieren. Den unteren Boden auf eine Tortenplatte legen. Die Marmelade auf den unteren Boden streichen. Kokoskonfekt halbieren und darauf verteilen. Die Banane in 5 mm dicke Scheiben schneiden und den Rand damit belegen. Für den Orangenpudding die Orangen und die Zitrone auspressen (es wird 1/4 l Saft gebraucht) und mit der Speisestärke verrühren. Milch, Zucker, „Orange back" und Salz aufkochen und die Saftmischung einrühren. Abkühlen lassen, dabei ab und zu umrühren, damit sich keine Haut bildet. Die Sahne mit einigen Tropfen Lebensmittelfarbe schlagen, dabei zum Schluss das Sahnesteif einrieseln lassen. Die Hälfte des Puddings auf den unteren Boden streichen, den zweiten Boden darauf legen. Die Torte rund herum und oben mit der Sahne bestreichen, dann den Rest Pudding darauf verteilen. Für den Fruchtbelag die Apfelsinen schälen, so dass keine weiße Haut mehr daran ist, und mit einem scharfen Messer die Orangenfilets auslösen. Ananas in Stücke schneiden und auf dem Kuchen verteilen. Die Kiwi schälen und der Länge nach in Spalten schneiden. Fächerartig wie ein Palmenblätterdach arrangieren. Die Orangenfilets in Sonnenform darüber anordnen. Nach Packungsanweisung den klaren Tortenguss kochen und die Kiwischeiben damit bestreichen. Den Rest des Gusses schnell mit der Lebensmittelfarbe färben und die restliche Torte sofort damit überziehen. Für die Dekoration die Kuvertüre nach Packungsanleitung schmelzen und in einen kleinen Plastikbeutel füllen. Eine kleine Ecke des Beutels abschneiden und mit der Kuvertüre den Palmenstamm und die Buchstaben „TROPIC SUN" auf Backpapier spritzen. Im Kühlschrank fest werden lassen, vorsichtig ablösen und auf die Torte legen. Schokobuchstaben und -blättchen können Sie auch fertig kaufen.

Tipp

Die Schrift schmeckt auch, wenn sie aus Vollmilchschokolade hergestellt wurde.

Maria Rößmann *(Ennigerloh)*

„Feierabendbauern" – so nennt Maria Rößmann scherzhaft sich und ihre Familie. Dabei hängt sie sehr an ihrem Hof. Rößmanns betreiben nur noch Ackerbau, Tiere halten sie seit 30 Jahren schon nicht mehr.

Ihr Mann Theodor arbeitet hauptberuflich bei einer Bank, da bleibt einfach nicht genug Zeit, um sich vernünftig um Vieh zu kümmern. So standen auf ihrem Hof in Ennigerloh mehrere Stallungen und ein 130 Jahre alter angrenzender Speicher für lange Zeit leer. Maria Rößmann tat es leid um die schönen historischen Gebäude, die nun nicht genutzt wurden.

Sie kam auf die Idee, sie umzubauen und darin auf Anfrage Feiern auszurichten. So ganz schnell konnte sie ihren Plan allerdings nicht umsetzen. Rößmanns haben fünf Kinder, heute zwischen 16 und 26 Jahren alt. Sie wollte erst abwarten, bis auch die jüngsten groß genug sein würden, bevor sie sich an die Verwirklichung ihres Planes machte. Seit drei Jahren bietet sie nun Räumlichkeiten mit und ohne Bewirtung an, für 15 bis 100 Personen in „Rößmann's Schmandpott".

Maria Rößmann war dabei, als sich vor ungefähr sechs Jahren selbständige Landfrauen zum „Landfrauenservice" zusammenschlossen, um ihre Leistungen im Münsterland zu verkaufen. Einige backen Steinofenbrot, andere zeigen als Gästeführerinnen ortsunkundigen Besuchern die Umgebung. Manche bieten ihre Dienste als Mietköchin an oder richten – wie Maria Rößmann – Feiern auf ihrem Hof für Gäste aus. Untereinander bilden sie alle ein Netzwerk; wer sich zum Beispiel in „Rößmann's Schmandpott" für eine Feier anmeldet, kann sein Fest mit einer Wanderung „Auf der Spur unseres Heimatdichters Augustin Wibbelt" verbinden. Wenn die Gäste die Bewirtung mitbuchen, arbeitet Maria Rößmann mit einer Mietköchin zusammen – natürlich einer Frau vom Landfrauenservice. Da wird dann häufig nicht nur gekocht, sondern auch gebacken – zu Ostern die Nuss-Preiselbeertorte mit Marzipan-Pistaziendecke.

Nuss-Preiselbeertorte mit Marzipan-Pistaziendecke

festlich Ostertorte

ZUTATEN

Für den Teig

- 5 Eier
- 3 EL kochendes Wasser
- 225 g Zucker
- 200 g gemahlene Haselnüsse
- 120 g Mehl
- 1 Msp. Backpulver

Für die Füllung

- 3/4 l Sahne
- 1 Glas Preiselbeeren (400 g)
- 1 Tütchen gemahlene Gelatine

Für die Dekoration

- 1 fertige Marzipandecke (oder 300 g Marzipanrohmasse und 3–4 EL Puderzucker)
- 2 Tütchen gehackte Pistazien (5–6 EL)
- 1 Tüte bunte Ostereier
- 12 kleine Schokoladenhasen

Den Ofen auf 175° Ober- und Unterhitze vorheizen. Die Eier kräftig mit dem kochenden Wasser aufschlagen, dann nach und nach den Zucker zufügen, anschließend die gemahlenen Haselnüsse. Mehl und Backpulver darüber sieben und vorsichtig unterheben. Den Teig in eine an den Rändern gefettete und mit Backpapier ausgelegte Springform (Durchmesser 26 cm) geben und 45–60 Minuten backen. Danach gut auskühlen lassen.

Für die Füllung die Gelatine in kaltem Wasser einweichen; dann die gut gekühlte Sahne steif schlagen. Die erhitzte und aufgelöste Gelatine mit den Preiselbeeren vermischen. Ein Drittel der Sahne beiseite stellen. Die übrigen zwei Drittel mit der Preiselbeer-Gelatine-Mischung verrühren und kurz im Kühlschrank fest werden lassen.

Inzwischen den Nuss-Biskuitboden zweimal durchschneiden. Nun auf die unterste Schicht die eine Hälfte der Preiselbeersahne streichen. Den zweiten Boden darauf legen und mit der restlichen Preiselbeersahne bestreichen. Nun mit dem obersten Nussboden die Torte bedecken und anschließend rundherum mit der einfachen Sahne bestreichen.

Dann die Oberfläche mit der fertigen Marzipandecke belegen. Wenn man die Marzipandecke selbst herstellen will, verknetet man die Marzipanrohmasse mit dem Puderzucker und rollt das Marzipan dann wie einen Mürbeteig aus. Anschließend die gehackten Pistazien gleichmäßig darauf verteilen. Die 12 Schokohäschen rundum anordnen und die Zwischenräume mit den kleinen bunten Ostereiern dekorieren.

Extra: Wer es schokoladig mag, kann unter die Marzipanrohmasse noch 1 EL Kakao mischen.

Maria Stermann *(Altenberge-Hansell)*

Wenn Maria Stermann von ihrer Arbeit an einer Sonderschule nach Hause kommt, geht sie zuerst zu den Weiden hinter ihrem Haus; sie sieht nach, wie es der Herde geht. Zusammen mit ihrem Mann Wiegbert züchtet sie schottische Highland-Rinder.

Vor gut zehn Jahren begannen die beiden ihre Zucht mit vier Kälbern und einem Bullen. Jetzt besteht die Herde aus bis zu 20 Tieren. Wichtig ist Maria Stermann der Kontakt zu ihnen. Sie sollen nicht nur als „lebendige Naturschützer", wie sie sie nennt, die Wiesen abweiden, sondern eine Anbindung an die Familie haben. Dazu gehört, dass Stermanns ihre Tiere regelmäßig bürsten. „Wir versuchen, die Tiere zu zähmen. Wir möchten nicht, dass sie nur auf der Wiese laufen und zu uns keinen Bezug haben; das gehört zur artgerechten Tierhaltung."

Am spannendsten findet Maria Stermann die Zeit, kurz bevor eine trächtige Kuh kalbt. Dann beobachtet sie das Tier und versucht, den Moment der Niederkunft nicht zu verpassen. Aber sehr oft, so erzählt sie, passiert das in einem Moment, wo sie gerade etwas anderes tun muss, egal wie aufmerksam sie vorher war. Es scheint so, als bestehe auch eine Highland-Kuh auf ihrem Recht auf Privatsphäre.

Einen Stall brauchen die Tiere nicht. Sie leben das ganze Jahr über auf ihren Weiden. Im Winter, wenn die Wiesen manchmal zu nass sind, können sie ins Paddock ausweichen, dort haben sie einen einfachen Unterstand und festen Boden unter den Hufen. Hier bekommen sie dann Heu zugefüttert – ansonsten ernähren sie sich nur von dem Gras, das sie abweiden. Genügsame, friedliche Tiere, die mit ihren großen, gebogenen Hörnern aber umso gewaltiger aussehen und enorm laut muhen können.

Bei den Dreharbeiten traute sich nur Kameramann Hans-Georg Hüne nah an sie dran. Maria Stermann hat keine Angst vor ihnen, sie schnappt sich die Bürste und nimmt sich ein Tier nach dem anderen vor. Den Rindern scheint's zu gefallen – sie kommen freiwillig zu ihr, keins macht Anstalten, sich von ihr weg zu bewegen. Maria Stermann ist auch zufrieden – jetzt kann sie sich entspannt dem Rest des Tages widmen.

Maulwurfhügel

sahnig

Zutaten

Für den Teig
- 4 Eier
- 200 g Zucker
- 200 g gemahlene Haselnüsse
- 1 Päckchen Schokoladenpuddingpulver zum Aufkochen
- 1 EL Kakao
- 2 TL Backpulver

Für die Füllung
- 1 Glas Schattenmorellen (Abtropfgewicht 350 g, Füllmenge 680 g)
- 1 Päckchen Tortenguss klar oder rot
- 2 Becher Sahne à 250 ml
- 1 Packung Schokoladenraspel (Zartbitter)
- 2 EL Rum

Zuerst den Saft der Kirschen mit Tortenguss nach Anleitung aufkochen, die Kirschen und den Rum unterrühren und erkalten lassen. Die ganzen Eier mit dem Mixer verquirlen. Dann den Zucker damit verrühren. Anschließend Haselnüsse, Puddingpulver, Kakao und Backpulver untermischen. Den Teig in eine gefettete Springform (28 cm Durchmesser) geben und bei Umluft und ca. 170° etwa 30 Minuten backen. Auskühlen lassen.

Anschließend aus der Mitte des Bodens den Teig – bis auf einen Zentimeter Außenrand und einen Zentimeter Boden – aushöhlen.

Die Mulde zuerst mit den Kirschen füllen. Die Sahne schlagen und mit drei Viertel der Schokoladenraspel vermengen. Dann Sahne auf den Kuchen häufen. Die zerbröselten Kuchenreste darauf krümeln, zum Schluss die verbleibenden Schokoladenraspel darüber geben.

Tipp

Setzen Sie den Maulwurfhügel sofort auf einer Tortenplatte zusammen; beim Umschichten von einer Platte auf eine andere könnte er leicht zerbrechen. Boden und Kirschen müssen ganz abgekühlt sein, bevor Sie sie schichten.

Stefanie Warthorst *(Füchtorf bei Sassenberg)*

Eine kleine Krone und Samtschärpe, königliche Insignien, wenn auch nur in Miniausgabe, gehören auch bei einer westfälischen Spargelkönigin zur offiziellen Arbeitskleidung. So tritt Stefanie Warthorst natürlich nur bei öffentlichen Terminen auf, in der Backküche trägt sie wie fast alle Bäcker und Bäckerinnen Schürze. Zwei Jahre lang war Stefanie Warthorst die gewählte Repräsentantin der Spargelbauern in Füchtorf, einem der prominentesten Spargeldörfer Westfalens. Hier wächst der Spargel besonders gut; Boden und Klima machen es möglich. Das Besondere: Die Spargelkönigin darf nicht von einem der Höfe aus dem Kreis kommen, schließlich gäbe es ansonsten bestimmt Nachbarschaftskonflikte darüber, welche der Hoftöchter die beste Wahl wäre.

Gewählt wird die Spargelkönigin nicht nur, weil ihr Lächeln betört, sondern weil sie einiges über das königliche Gemüse wissen muss: z. B. wie man richtig Spargel sticht, welche Qualität die beste ist – natürlich die, die beim Aneinanderreiben quietscht und weiße Köpfe hat – und dass eine Prise Zucker im Spargelkochwasser den Eigengeschmack abrundet. Stefanie Warthorst erinnert sich gerne an ihre „Zweijährige Regentschaft", obwohl ihre anderen Hobbys wie Lesen und Inline-Skaten zu kurz kamen. Zwei bis drei Termine in der Woche waren Pflicht, angefangen bei einem Auftritt auf der Tourismusbörse oder einem Spargelessen im Landgestüt in Warendorf.

Der zusätzliche Rezept-Tipp der Spargelkönigin: Frisch gekocht schmeckt das königliche Gemüse am besten, trotzdem sollte man die Stangen, die beim Mittagessen übrig bleiben, aufheben, auch wenn es nur vier bis fünf sind. Ergänzt mit grünem Spargel ergibt diese Mischung den idealen Belag für die Spargelquiche. So lässt sich auch sonntags zum Dämmerschoppen nach der Fahrrad-Tour etwas Leckeres aus den Samstagsresten zaubern.

Spargelquiche

würzig

Zutaten

Für den Teig
230 g Mehl
1/2 TL Salz
1/2 TL Kräuter der Provence – frisch oder getrocknet –
125 g Butter
1 Eigelb
3 EL Wasser

Für die Füllung
750 g Spargel grün / weiß gemischt oder nur eine Sorte – je nach Geschmack

Für die Creme
250 g Quark
3 Eier
1 Eiweiß
125 g süße Sahne
Salz, Pfeffer – je nach Geschmack
100 g gekochter Schinken oder Putenbraten / natur – es schmeckt auch mit Krabben

Den Spargel schälen und zehn Minuten in Salzwasser garen (abtropfen lassen).

Alle Zutaten des Teiges nacheinander verrühren und zu einer Teigmasse verarbeiten, gut durchkneten, anschließend ausrollen und vorsichtig auf den Boden einer Springform (Durchmesser 26 – 28 cm) legen. Dann bei 200 Grad 10 Minuten backen. Im Umluftherd geht es etwas schneller, ca. 6 – 8 Minuten.

Dann die Creme zubereiten. Dazu alle Zutaten nacheinander in eine Schüssel geben und vorsichtig miteinander verrühren.

Zum Schluss den Spargel auf dem gebackenen Teigboden verteilen, dann den Schinken oder Putenbraten in kleine Würfel schneiden, auf den Spargel legen und zum Schluss die Creme darüber gießen.

Dann ist es soweit: Die Quiche in den Backofen schieben und bei 175 Grad 20 – 30 Minuten backen. Die Zeit ist abhängig davon, ob mit Umluft oder nur mit Unter- und Oberhitze gebacken wird.

Tipp

Wer keinen Spargel mag, kann auch das königliche Gemüse durch Lauch ersetzen.

Pater Norbert Becker
(Münster-Hiltrup)

Als Diplomtheologe und Schulseelsorger des Kardinal-von-Galen-Gymnasiums sind Pater Norbert nicht nur die geistigen Genüsse wohl vertraut, sondern auch die leiblichen. Als einer der jüngsten Hiltruper Missionare im Kloster erkämpfte er sich von der Küchenschwester das Recht, auch einmal etwas Neues am Herd auszuprobieren. Heraus kam eine komplette Rezeptsammlung. Ihr Motto: Nicht nur vom Brot allein – Kochen im Kirchenjahr. Mit dabei auch die Lebermakronen. Sie sind zwar nicht jedermanns Sache, aber im Kloster waren sie beliebt, und jeder, der Leberknödel mag, wird diese Neukreation schätzen. Lauwarm zu einem kräftigen Rotwein sind sie der ideale Zwischenimbiss für alle, die bei einer Weinprobe häufiger umsteigen, von rot auf weiß, von leicht auf schwer.

Gelernt hat er das Kochen von seiner Mutter im Saarland. Es gab gute regionale Hausmannskost, mit frischen Kräutern aus dem eigenen Garten, hin und wieder auch Kaninchen aus dem eigenen Stall, wobei Pater Norbert beim Schlachten immer dabei war. Kulinarisch wurde auch ab und zu in fremden Töpfen geschnuppert: bei einem befreundeten französischen Koch jenseits der Grenze mit bleibenden Eindrücken, die Pater Norbert als Pfadfinder im Internat wieder entdeckte. In einer Blockhütte am Waldrand ging es oft richtig rund in Sachen „kulinarischer Experimente", auch um die Internatsküche ein wenig zu „ergänzen". Man studierte Kochbücher und probierte neue Kreationen, z. B. „Schweinefilet in Weißbrotteig". Die Liebe zum Essen ist über die Jahre der Ausbildung und des Studiums geblieben, Kochen ist für ihn keine Arbeit. Für ihn ist es Entspannung, vor allem wenn die Stimmung gut ist. Hektisches Rühren mag er nicht, der Rhythmus muss stimmen. Vielleicht auch deshalb, weil Musik sein zweites Hobby ist. Sein Musical entstand nicht nur am Klavier, sondern auch beim Kochen, z. B. bei seinem alternativen Salatdressing: Eierlikör mit Salatmayonnaise gemischt!

Sein Tipp für die Zubereitung der Lebermakrone: Wer sich die blutige Arbeit am Fleischwolf beim Durchdrehen der frischen Leber ersparen möchte, kann auch einfach einen Pürierstab nehmen und mittels einer geschlossenen Schüssel alles ohne blutige Hände und Spritzer erledigen.

Derzeit lebt Pater Norbert in Bayern und nutzt für seine neuesten Rezeptideen viel Weißwurstbrät.

Lebermakronen

würzig

ZUTATEN

250 g Schweineleber
200 g durchwachsener Speck
1 mittelgroße Zwiebel
1 eingeweichtes Roggenbrötchen
2 weichgekochte Rote Bete
3 EL Mehl
6 EL Semmelbrösel
1 Ei
Pfeffer, ca. 1 TL Salz, Majoran
runde Backoblaten

Die Leber, den Speck und die Zwiebel in kleine Würfel schneiden, anschließend durch einen Fleischwolf (sehr fein!) drehen. Das Wasser aus dem Brötchen wringen und dieses zusammen mit dem Mehl, den Semmelbröseln und dem Ei zu einem geschmeidigen Teig verkneten.

Die Rote Bete in sehr kleine Würfel schneiden und in den Teig hineinkneten; mit Pfeffer, Salz und Majoran abschmecken.

Danach den Teig im Kühlschrank ca. eine halbe Stunde aufbewahren und anschließend mit einem Dessertlöffelchen auf die Backoblaten geben.

Die Makronen im vorgeheizten Backofen bei 160 Grad ca. 20 Minuten auf einem eingefetteten Blech abbacken. Heiß servieren!

TIPP

Wer einen netten Metzger kennt, kann die zerkleinerte Leber bereits im Laden herstellen lassen.

Birgit Spahn *(Ostbevern)*

Drei Jahre vergingen von Birgit Spahns erstem Gedanken daran, ein Bauernhofcafé aufzumachen, bis zur Eröffnung von „Spahn's Kaffeepott" 1997. Auf dem Hof Spahn standen einige Gebäude leer, seit der Betrieb verkleinert wurde. Birgit Spahn wollte gerne wieder berufstätig werden und trotzdem für ihre Tochter und ihre zwei Söhne da sein können. So kam sie auf die Idee mit dem Café. Bevor sie mit der Geburt ihres ersten Sohnes vor 18 Jahren aufhörte zu arbeiten, war sie Bankangestellte. Ihr Wissen aus dieser Zeit kann sie bei der Organisation ihres Cafés noch gut gebrauchen.

Das Kuchenbacken war schon immer eins ihrer Hobbys, so gibt es bei ihr auch nur Selbstgebackenes. Ein Stockwerk über dem Café hat sie eine ständige Ausstellung mit Handarbeiten von Leuten aus der Region eingerichtet. Die Korbwaren, Blaudruck und Tischwäsche kann man nicht nur bewundern, sondern auch kaufen. Ebenso wie das Geschirr, das sie auch unten im Café benutzt; allerdings kommt das nicht aus der Region. Sie hat es auf der langen Suche nach etwas Passendem für ihr Café in einer Töpferei in Sachsen gefunden. Birgit Spahn wollte ihren Kaffee und Tee nicht in Kännchen servieren. Da fand sie durch Zufall in einem Urlaub die großen Tassen – eben Kaffeepötte –, die schließlich auch ihrem Café den Namen gaben.

Manchmal hat sie mittlerweile die Befürchtung, doch nicht genug gemeinsame Freizeit mit ihren Kindern zu haben, und immer mal wieder bringt sie das Thema auf den Tisch. Jedes Mal kommt dabei heraus, dass die drei mit den Aktivitäten ihrer Mutter dagegen gar keine Probleme haben. Sie finden es gut, dass sie ihr Café hat. Außerdem bleibt immer noch genug Zeit, in der zum Beispiel Mutter und Tochter gemeinsam einen Jazzdance-Kurs besuchen können. Das Tanzen empfindet Birgit Spahn als schönen Ausgleich zu Alltag und Arbeit. Einmal in der Woche übt sie sich in einer Tanzschule im Standardtanzen. Am nächsten Tag kümmert sie sich dann wieder um eine gute Atmosphäre bei Kaffee und Kuchen.

Rhabarbertorte raffiniert

Zutaten

Für die Böden
125 g Margarine
50 g Zucker
4 Eigelb
100 g Mehl
2 TL Backpulver
Außerdem 150 g Zucker
4 Eiweiß
100 g gehobelte Mandeln

Für die Füllung
4–6 Stangen Rhabarber
100 g Zucker
1 Päckchen Vanillinzucker
1/8 l Apfelsaft
1 Päckchen Vanillepuddingpulver
3 EL Wasser
Außerdem 500 ml Sahne
2 EL Zucker

Margarine, Zucker und Eigelb schaumig schlagen, anschließend Mehl und Backpulver darunter mengen. Den Rührteig auf zwei mit Backpapier ausgelegten Springformen mit 28 cm Durchmesser verteilen. Dann Eiweiß und Zucker zu Eischnee schlagen und auf beide Teige streichen, die Mandeln darüber streuen. Dann die beiden Böden nacheinander ca. 25 Minuten im vorgeheizten Ofen bei Ober- und Unterhitze bei 175° backen. Auskühlen lassen.

Tipp

Schneiden Sie die Torte mit einem Elektromesser, damit die beiden Baiserböden nicht zerkrümeln.

Anschließend den Rhabarber abziehen, grob zerkleinern und in einem Topf zusammen mit Apfelsaft, Zucker und Vanillinzucker aufkochen lassen. Die Hitze herunterschalten und noch ca. 15 Minuten garen lassen, bis der Rhabarber weich ist.

Um den einen der beiden Böden einen Tortenring legen. Dann das Puddingpulver mit dem Wasser verrühren und mit der Rhabarbermischung noch einmal aufkochen lassen. Sofort auf dem Baiserboden in dem Tortenring verteilen und auskühlen lassen.

Danach die Sahne mit dem Zucker steif schlagen und auf die Rhabarberfüllung geben. Den oberen Baiserboden aufsetzen.

Maria Uebbing *(Bocholt)*

Der Backofen wird bei Familie Uebbing nur selten kalt. Nicht nur der Kuchen, auch Brotbacken gehört zu den Spezialitäten von Maria Uebbing. Zweimal die Woche Brot und weitaus öfter etwas zum Naschen, das ist keine Seltenheit.

In Bocholt zählt die Nachbarschaft auf Maria Uebbing, denn mit ihren Torten und Buchweizenpfannkuchen erobert sie bei Wohltätigkeits-Veranstaltungen viele Herzen im Sturm. Resultat ist eine gut gefüllte Kasse für einen guten Zweck.

Zu Hause hat jeder sein Lieblingsrezept. Ihr Mann liebt Bienenstich, ihre Enkelkinder mögen Krapfen und sie greift gerne zu Himbeerkuchen und natürlich zu Stachelbeertorte. Sie schmeckt am besten mit eingekochten Früchten, frische Stachelbeeren wären viel zu sauer. Auf den Einkochkessel kann Maria Uebbing also nicht verzichten, obwohl heute die Gemüse- und Obsternte mehrheitlich in die Tiefkühltruhe wandert. Eine Gemüsesuppe aus komplett eigener Ernte ist für Maria Uebbing selbstverständlich. Aber das ist noch nicht alles, was Haus und Hof zu bieten haben.

Der besondere Stolz von Familie Uebbing ist ihre kleine Damwildherde. Sie wird gehegt und gepflegt – und von den Gastronomen am Ort geschätzt. Maria Uebbing überlässt die Tierpflege gerne ihrem Mann, der als gelernter Landwirt auch im Ruhestand die Landwirtschaft immer noch nicht so ganz aufgeben kann.

Maria Uebbing zieht sich gerne ins Haus zurück und greift zur Sticknadel. Hardanger oder Kreuzstich, die Auswahl ist groß, und im Laufe der Jahre entstanden so eine Menge Handarbeiten, die nicht nur als Ausstellungsstücke dienen. Kaffeedecken müssen dann schon mal Kuchenkrümel, Fett- und Kaffeeflecken aushalten.

Stachelbeertorte

fruchtig

Zutaten

150 g Butter
150 g Zucker
200 g Mehl
1 Ei
1 TL Backpulver
1/2 – 3/4 l Sahne
2 Päckchen Vanillinzucker
1 Tüte Sofortgelatine oder ca. 3 Blatt Gelatine
450 – 600 g blanchierte / eingekochte Stachelbeeren (oder aus der Konserve)

Aus 125 g Butter, 100 g Zucker, 200 g Mehl, Backpulver und einem Ei einen Mürbeteig herstellen. Ganz wichtig: Die Butter und den Zucker in der Pfanne schmelzen und zusammen karamellisieren.

Den Teig teilen (ca. 1/2 zu 1/2), beide Hälften ausrollen und auf dem Boden einer Springform (Durchmesser 26 cm) einen Boden backen. (200 Grad, ca. 10–15 Minuten)

Einen der beiden Böden nach dem Abkühlen zerbröseln, anschließend 2 bis 3 Esslöffeln Zucker zusammen mit zwei bis drei Esslöffeln Butter in der Pfanne karamellisieren, die Teigbrösel hinzugeben und alles vorsichtig umrühren, bis Krokantstreusel entstehen. Abkühlen lassen.

1/2 Liter Sahne, Vanillezucker und Gelatine steif schlagen. Am besten funktioniert es mit so genannter „Sofortgelatine". Sie muss einfach eingerührt werden – die Menge geben die Hersteller vor. (Bitte Arbeitsanleitung auf der Packung lesen!)

Dann wird die Torte geschichtet:

Auf den Mürbeteigboden Sahne geben, darauf die abgetropften Stachelbeeren, diese wiederum mit Sahne bestreichen und einem Teil der Krokantstreusel bestreuen. Darüber den Rest Sahne verteilen und abschließend mit dem Rest der Krokantstreusel garnieren. Zum Schluss mit einigen Sahnespritzern und Stachelbeeren garnieren.

Tipp

Wer sichergehen will, dass die Torte auch gelingt, sollte Sofortgelatine verwenden. Sie garantiert feste Cremespeisen, Sahne und Früchtekompott auch bei größter Sommerhitze.

DRK Kindergarten *(Billerbeck)*

Im Kindergarten Oberlau des Deutschen Roten Kreuzes geht es an diesem Tag rund.

Maike ruft: „Wir spielen heute Kaffeeklatsch in der Puppenecke." Nadine wirft ein: „Kaffee dürfen wir noch nicht, aber Kakao aus der Küche!" „Wo ist der Kuchen?" will Tom wissen. „Den backen wir", antwortet Bernadette Nattler. Die Erzieherin holt die Backbücher.

Gemeinsam wird entschieden: Eine Maustorte soll es sein, denn die Maus aus dem Fernsehen hatte doch Geburtstag!

Jetzt noch einkaufen. Als alle Zutaten in der Tigerentengruppe liegen, kommen auch noch Jonas, Judith und Lena hinzu und machen das Backteam komplett. Bevor es losgeht, müssen noch einige Vorbereitungsarbeiten erledigt werden: Schürzen aus dem Schrank holen, Finger waschen. Das Fernsehteam bringt Licht und ein „Wischmopp-Monster" mit, das sich aber als harmloses Mikrofon herausstellt. Das Plastikfell drum herum ist nur der Schutz gegen Wind, Regen und Schmutz.

Dann geht's los: Margarine schneiden, Mehl sieben, immer alles abwiegen und auch mal etwas naschen. Schnell ist der Rührteig hergestellt, doch dann heißt es warten, bis aus dem Teig ein wirklich leckerer Kuchen geworden ist. In der Zwischenzeit müssen die Mausgesichter mit Papier und Buntstift aufgemalt werden. Anhand von Vorlagen wird eine Maus-Papierschablone erstellt. Mit Marzipan, Schokolade, Süßigkeiten und mit vielen kleinen Helfern entsteht dann das Mausgesicht auf der Torte.

Das WDR-Team staunte nicht schlecht, wie gut die Kleinen bereits backen können und wie viel Geduld alle hatten, auf den Moment zu warten, an dem die Torte fix und fertig vor der Kamera stand. Der Drehtag endete mit einem Kaffeeklatsch und natürlich mit dem Zähneputzen, wie es halt im Kindergarten üblich ist.

Die Bäcker/-innen:
Judith Wenker, Lena Mollenhauer, Nadine Köber, Tom Schniggendiller, Jonas Pöppelmann, Maike Rams und Bernadette Nattler.

Torte mit der Maus

kinderleicht

Zutaten

100 g geraspelte Vollmilchschokolade
500 g Aprikosen, frisch oder aus der Konserve
300 g Margarine
275 g Zucker
1/2 EL Zitronensaft
5 Eier
200 g Mehl
100 g Speisestärke
1 Päckchen Backpulver

Marzipandecke

250 g Marzipanrohmasse
100 g Puderzucker
1/2 Eiweiß

Dekoration

150 g Vollmilchkuvertüre
1/2 Tafel weiße Schokolade
braune Schoko- oder Zuckerschrift (aus der Tube oder selbst gespritzt)
50 g dunkle Kuvertüre
nach Belieben: bunte Süßigkeiten z. B. Streusel, Gummibärchen

Zubereitung:

Aprikosen würfeln, Margarine, Zucker und Zitronensaft cremig rühren, Eier nach und nach hinzugeben und unterrühren. Mehl und Speisestärke mischen, sieben und unterrühren. Dann Schokoladenraspel und Aprikosen unterheben. Den Teig in eine gut gefettete Springform (Durchmesser 26 cm) füllen, 45 bis 60 Minuten bei 175 Grad backen (Garprobe machen). Kuchen aus der Form lösen und auskühlen lassen.

Dekoration:

Marzipanrohmasse, Puderzucker und Eiweiß gut verkneten, Masse ausrollen und über die Torte ziehen. Dann Vollmilchkuvertüre, weiße Schokolade zerkleinern, im heißen Wasserbad schmelzen lassen. Die Konturen des Mausgesichtes mit Zuckerschrift aufmalen und mit Vollmilchkuvertüre ausfüllen. Ohren und Nase aussparen und mit dunkler Kuvertüre ausfüllen. Alles fest werden lassen: Nase, Barthaare und Mund aufmalen und dann nach Geschmack die Torte bunt verzieren.

Tipp

Achtung: Maustortenbäcker naschen gerne. Deshalb genügend Süßigkeiten zur Dekoration einkaufen! Wer will, kann auch andere Schablonen malen: statt Maus vielleicht Käptn Blaubär.

Anni Spielbrink *(Greven-Gimbte)*

In Anni Spielbrinks Garten herrscht immer ein reges Treiben. Jedenfalls in dem Teil, in dem nicht die sorgfältig von ihr angelegten Blumenrabatten oder die Gemüsebeete sind. Den Hühnern scheint ihr Stück mit Gras alten Bäumen und im Frühjahr vielen gelb-leuchtenden Narzissen darin sichtlich gut zu bekommen. 30–40 Eier kann Anni Spielbrink täglich einsammeln.

Auch ein Entenpärchen gehört zu den Bewohnern des eingezäunten Gartens. Sie haben hier quasi ihr Altenteil. Anni Spielbrink erzählt, dass das Weibchen, mit dem der Enterich sehr lange zusammen gelebt hat, im vergangenen Jahr gestorben ist. „Der sah da so traurig aus, wir haben dem sofort ein neues Weibchen besorgt. Das konnte man sonst nicht mit ansehen."

Der Versuch hat geklappt, die beiden verbringen viel Zeit miteinander. Auch Benno, der Hund, ist nicht mehr jung: Schon 13 Hundejahre ist er alt, was umgerechnet in Menschenjahre immerhin das stattliche Alter von 91 ergibt. Aber er sei noch ziemlich munter, meint Anni Spielbrink und hofft, dass er ihnen noch lange erhalten bleibt. Und dann ist da noch das Pony Schecki, das sich ebenfalls den Garten mit den Hühnern und Enten teilt. Auch Schecki hat es schon zu dem ansehnlichen Alter von 30 Jahren gebracht. Wäre nicht in unüberhörbarer Entfernung die Autobahn, man käme sich vor wie in einer anderen Zeit, wenn man über den Zaun in das kleine Tierparadies schaut.

Wenn sie sich nicht um den Haushalt oder die Tiere kümmert, beschäftigt sich Anni Spielbrink mit ihren Blumen und dem Gemüse. In einem kleinen Treibhaus zieht sie sich eigene kleine Pflanzen vor, und wenn es warm genug ist, pflanzt sie sie nach draußen. Man sieht ihrem Garten die viele Zeit an, die sie darin verbringt.

Allerdings haben die Pflanzen seit Weihnachten Konkurrenz bekommen. Enkel Julian ist ihr ganzer Stolz, und wenn ihre Tochter mit ihm zu Besuch kommt, lässt sie Schaufel und Hacke stehen und liegen. Mal sehen, vielleicht klappt es ja noch, dass Julian Benno, Schecki und das Entenpärchen kennenlernt. Bei Anni Spielbrinks Pflege wäre das kein Wunder.

Himbeertorte

sahnig

Zutaten

4 Eier
150 g Zucker
1 Päckchen Vanillinzucker
4 EL kochendes Wasser
60 g Mehl
60 g Speisestärke
1 TL Backpulver
40 g gemahlene Mandeln

Für die Füllung

4 EL Wildpreiselbeeren, aus dem Glas und eingedickt
3 EL Himbeergeist oder Himbeersirup
9 Blatt weiße Gelatine
150 g gefrorene Himbeeren
350 g aufgetaute Himbeeren und ihr Saft
75 g Zucker
500 ml Buttermilch
500 ml Schlagsahne
1 Päckchen Sahnesteif
2 Päckchen Vanillinzucker
1 Päckchen Tortenguss
4 EL Himbeergelee

Den Backofen auf 200° vorheizen. Für den Biskuitteig die Eier mit dem heißen Wasser, Zucker und Vanillinzucker zu einer glatten Masse aufschlagen. Das mit Speisestärke, Backpulver und gemahlenen Mandeln vermischte Mehl über die Eimasse sieben und vorsichtig unterheben. Eine Springform (26 cm Durchmesser) mit Backpapier auslegen und den Biskuitteig einfüllen. Bei 200° eine halbe Stunde backen. Danach auf einem Kuchengitter abkühlen lassen.

Anschließend in zwei gleich starke Lagen schneiden und einen Springformrand um den unteren Boden legen.

Die Wildpreiselbeeren erhitzen, den Himbeergeist oder Himbeersirup dazugeben und auf dem unteren Boden verstreichen. Nun den Saft der aufgetauten Himbeeren in einem Topf aufkochen (wenn es weniger als 1/2 l ist, mit Wasser auffüllen), dann den Tortenguss einrühren, noch einmal aufkochen und vom Herd nehmen. Die gefrorenen Himbeeren unterrühren und die Masse noch heiß auf dem unteren Tortenboden verteilen.

Für die Himbeercreme die aufgetauten Himbeeren pürieren und den Zucker zufügen. Einen Becher Sahne steif schlagen. Die Gelatine in etwas kaltem Wasser einweichen, dann das Wasser abgießen und die Gelatine in einem Topf erhitzen und auflösen. Die Buttermilch zur Gelatine geben und verrühren. Dann die Masse zum Himbeerpüree geben und mit dem Mixer verrühren. Dann die Sahne unterziehen. Die Creme auf den Tortenboden in die Form füllen und den Deckel aufsetzen. Im Kühlschrank 2–3 Stunden fest werden lassen.

Die Torte mit einem Messer aus der Springform lösen und die Form abnehmen. Die restliche Sahne mit dem Vanillinzucker und dem Sahnesteif sehr steif schlagen und die Torte von allen Seiten damit bedecken. Himbeergelee erhitzen und in einen Gefrierbeutel umfüllen. Abkühlen lassen. Dann eine Spitze des Gefrierbeutels abschneiden und auf der Torte ein Gittermuster aus Himbeergelee ziehen.

Tipp

Statt mit Himbeergelee können Sie das Gittermuster für die Verzierung auch mit Himbeerpüree ziehen.

Susanne Prues *(Münster)*

Auf den ersten Blick ein Kochkurs wie jeder anderer, doch bei genauerem Hinsehen wusste jeder sofort: Hier geht es multikulturell zu. Zwölf Teilnehmerinnen und Teilnehmer aus fünf Ländern zwischen 18 und 59 Jahren übten über Wochen Kochen und Backen.

Susanne Prues (ganz rechts auf dem Foto) zeigte, worauf es ankommt. Sie arbeitet als Ausbilderin für die Johanniter und zwar in einem ganz besonderen Kursmodell: „Qualifizierung der Alltagshilfen in der häuslichen Pflege" – eine Hilfe für Berufsrückkehrer, Arbeitslose, Jugendliche ohne Schulabschluss und Umsiedler, um einen Arbeitsplatz zu finden. Alltagshilfe heißt: Pflegekräfte bei ihrer ambulanten Arbeit vor Ort zu unterstützen, vor allem bei der Hausarbeit.

Der Lieblingskuchen ist manchmal die bessere Medizin, um ein Tief zu überwinden. Die Kochpraxis während der Ausbildung war nie langweilig, denn jeder lieferte Rezepte aus seinem Heimatland. Und so wurde die Idee geboren, auch beim WDR-Kuchenbuffet mitzumachen.

Marzena und Violette Wallas präsentierten eine Schweizer Kirschwähe, einen von sechs Kuchen, die an diesem Tag auf dem Lehrplan standen.

Je näher der Drehtermin rückte, desto mehr stieg die Nervosität, und ganz besondere Fragen mussten beantwortet werden: „Was ziehe ich an? Haare hochgesteckt oder doch lieber einen braven Pferdeschwanz? Lippenstift und Nagellack und wenn ja, welche Farbe soll es sein?" In den Pausen wurden vor dem Spiegel die Schokoladenseiten ausgewählt. Am Drehtag dann wurde allen sehr schnell klar: Schauspieler zu sein, ist ein harter Job. Besonders, wenn Wartezeiten zwischen den einzelnen Szenen entstanden, Arbeitsabläufe mehrfach gedreht werden mussten und am Ende der Hefeteig über den Topfrand kroch. Trotzdem hatten alle ihren Spaß und waren um eine Erfahrung reicher: Nach Hollywood wollten sie nicht mehr.

Inzwischen ist die Qualifizierungsmaßnahme der Alltagshilfen in der häuslichen Pflege erfolgreich abgeschlossen und alle Teilnehmer/-innen konnten in ein Arbeits- oder Ausbildungsverhältnis vermittelt werden. Die Gruppe trifft sich immer noch regelmäßig zum Erfahrungsaustausch und natürlich, um ab und zu das WDR-Kuchenbuffet-Video noch einmal anzuschauen.

Schweizer Kirschwähe

ausgefallen

Zutaten

Zutaten für den Hefeteig

- 20 g Hefe
- 125 ml lauwarme Milch
- 250 g Mehl
- 2 EL Zucker
- 1 Prise Salz
- 1 Ei
- 30 g Butter

Zutaten für den Belag

- 500 g Sauerkirschen
- 4 Eier
- 200 ml süße Sahne
- 4 EL Zucker
- 1/2 TL Zimt
- 50 g Puderzucker

Hefeteig:

In einem kleinen Kochtopf die Milch leicht erwärmen. Die Hefe in die warme Milch bröckeln, mit 4 EL Mehl und einer Prise Zucker verrühren. Zugedeckt 30 Minuten ruhen lassen. Restliches Mehl in eine Schüssel sieben, mit Zucker und Salz mischen. Eine Mulde hineindrücken, die Hefemilch hineingießen und das Ei hineinschlagen. Butter in Flöckchen auf den Mehlrand setzen. Alles zu einem glatten Teig kneten und zugedeckt erneut ca. 1 Std. gehen lassen. Den Hefeteig kräftig durchkneten, auf leicht bemehlter Fläche ca. 1 cm dick rund ausrollen. Die Wähenform aus Porzellan oder eine Springform sorgfältig fetten. Den Teig hineingeben, einen etwa 2 cm hohen Rand formen.

Belag:

Die Kirschen waschen, abtropfen lassen und entsteinen oder eingekochte Früchte verwenden. Die Früchte auf dem Teigboden verteilen. Den Backofen auf 180° C vorheizen. Eier, Sahne, Zucker und Zimt verquirlen und über die Kirschen geben. Kuchen auf der mittleren Einschubleiste ca. 40 Minuten backen.

Noch heiß mit Puderzucker bestreuen. Die Wähe wird noch warm serviert.

Tipp

Die Schweizer Kirschwähe sollte lauwarm gegessen werden: das ideale Dessert für alle Puddingmuffel.

Marita Horstmann und Barbara Querdel *(Füchtorf)*

Sie wohnen beide auf einem Hof in Füchtorf, aber nicht auf demselben. Marita Horstmann und Barbara Querdel sind Schwägerinnen. Querdels bauen Erdbeeren und Spargel an und züchten Puten. Horstmanns haben Sauen und Mastschweine. In ihrem Hofladen verkauft Barbara Querdel außer den Erdbeeren, dem Spargel und dem Geflügel noch Marmeladen, selbst aufgesetzten Rumtopf und selbst gemachte Wurstspezialitäten.

Wenn sie wurstet, dann kauft sie die Schweine dafür bei ihrem Bruder und ihrer Schwägerin. „Da weiß ich, was ich bekomme", sagt sie. Umgekehrt deckt Marita Horstmann ihren Erdbeer- und Spargelbedarf beim „Spargelhof Querdel". So kam auch die Erdbeerschaumtorte für das Kuchenbuffet zustande: Die eine lieferte das Rezept, die andere die Erdbeeren.

Die beiden Frauen verbringen viel Zeit zusammen; beide haben zwei kleine Kinder, die gerne und oft miteinander spielen. Während der Landesgartenschau in Oelde allerdings ist Marita Horstmann oft als Botschafterin für heimische Agrarprodukte unterwegs. In den letzten Krisen mit BSE und Schweinepest beschloss sie, nicht nur zuzusehen, wie anderswo Politik gemacht wird, die sie selber und schließlich ihr ganzes Umfeld betrifft.

Wer wird eines Tages noch in der Landwirtschaft arbeiten wollen, sorgt sie sich. Die Stimmung unter den angehenden Landwirten sei ziemlich deprimiert: „Viele sehen keine Perspektiven mehr in der Landwirtschaft, haben keine Freude mehr an ihrer Arbeit." Marita Horstmann geht in die Öffentlichkeit, damit die Menschen sie ansprechen und mit ihr diskutieren können. „Ich will das Vertrauen wieder herstellen. Ich stell' mich mit meinem Gesicht da hin, um von den Dingen zu berichten, wie sie sind."

Barbara Querdel hat den Kontakt zu den Leuten durch ihren Hofladen. Und durch den Bauernmarkt, den sie einmal jährlich Ende Mai auf ihrem Hof veranstaltet. Dann gibt es heimische Spezialitäten, Handgearbeitetes und dazu viele Gespräche. Die beste Art, Vertrauen zu schaffen, ist eben immer noch die, miteinander zu reden.

Erdbeerschaumtorte

fruchtig-sommerlich

Zutaten

Für den Mürbeteig
100 g Butter
100 g Zucker
100 g Mehl
1 Msp. Backpulver
100 g gemahlene Mandeln

Für die Joghurtfüllung
3 Becher Vollmilchjoghurt (à 150 g)
200 g Zucker
Saft von 1 1/2 Zitronen
2 Päckchen
weiße gemahlene Gelatine
2 Becher Schlagsahne (à 250 ml)

Für den Erdbeerschaum
500 g Erdbeeren
100–120 g Zucker
(je nach Süße der Erdbeeren)
Saft von 1/2 Zitrone
1 Päckchen rote gemahlene Gelatine

Für den Mürbeteig zuerst Butter und Zucker kurz mit dem Mixer verkneten, dann Mehl, Backpulver und Mandeln hinzufügen und weiter mit dem Mixer zu einem krümeligen Teig verkneten. Auf den Boden einer mit Backpapier ausgelegten Springform geben und mit leicht bemehlten Händen etwas festdrücken. Den Teig etwa 20 Minuten im vorgeheizten Ofen bei ca. 200° C schön goldbraun backen. Danach gut auskühlen lassen, anschließend auf eine Tortenplatte geben und einen Tortenring darumspannen. Für die Füllung die Erdbeeren waschen, abtropfen lassen und halbieren. Die rote und die weiße Gelatine getrennt voneinander einweichen. Für die Joghurtfüllung die Sahne steif schlagen und kühl stellen. Dann mit dem Mixer den Joghurt, Zucker und Zitronensaft gut miteinander verrühren. Nun die weiße Gelatine auflösen. Die Joghurtmasse mit der Sahne vermischen und dann die Gelatine mit dem Mixer unterrühren. Die Masse auf dem Mandelboden verteilen.

Für den Erdbeerschaum die Erdbeeren pürieren und mit Zucker und Zitronensaft vermischen. Die rote Gelatine auflösen und unterrühren, sofort über die Joghurtmasse geben und mit einem Esslöffel 6 Kreise unterheben, so dass auf der Oberfläche 6 kleine weiße Inseln entstehen. Die Torte ca. 2 Std. in den Kühlschrank stellen.

Tipp

Tortenreste können Sie einfach einfrieren. Diese Torte schmeckt übrigens auch, wenn Sie sie mit gefrorenen Erdbeeren zubereiten.

Günther Keutmeier und Andrea Keutmeier *(Oelde-Lette)*

Günther und Andrea Keutmeier haben schon viele Kuchen zusammen fabriziert. Oft laden sie Andreas Freundin Eva oder andere Kinder aus der Nachbarschaft zum Backen ein. Dann gibt es Marmorkuchen oder im Sommer die „sommerlichen Fruchttörtchen".

Die Früchte dafür pflücken dann alle gemeinsam im Garten. Besonders beliebt sind natürlich die Himbeeren und die Erdbeeren; wenn viele Johannisbeeren auf die Törtchen kommen, müssen zum Ausgleich gegen den sauren Geschmack noch eine ordentliche Prise Zucker oder Süßigkeiten darauf.

Mit etwas Glück ist es an so einem Tag heiß genug, um schwimmen zu gehen. Keutmeiers haben in ihrem Garten einen Swimmingpool; der wird dann nach dem Backen mit großer Begeisterung gemeinsam geentert. Andrea schwimmt für ihr Leben gern. Die Sommer im Münsterland machen es ihr dabei nicht immer leicht.

Gut, dass sie noch ein zweites Hobby hat, das weniger abhängig vom Wetter ist: Sie reitet gerne. Ihr Pony heißt „Blitz", und sie verbringt viel Zeit mit ihm. Zweimal in der Woche haben die beiden Reitunterricht, dazu kommen das Striegeln, Hufe-Auskratzen, Füttern und die Turniere, bei denen sie mitmachen. Dass man beim Reiten auch mal runterfällt, findet Andrea ganz normal; das gehört für sie dazu. Angst davor hat sie nicht; sie setzt sich eben wieder aufs Pony und weiter geht's. Was sie später mal werden will, weiß Andrea noch nicht, aber sie geht ja auch erst in die sechste Klasse, da hat sie noch jede Menge Zeit, um darüber nachzudenken. Mal sehen, wie sich ihre Backleidenschaft weiterentwickelt – immerhin ist sie mittlerweile schon bei Schwarzwälder Kirschtorte angelangt.

Günther Keutmeier ist zwar dabei, wenn sie sich an solchen Torten versucht, aber eigentlich macht Andrea mittlerweile alles allein. Das Ergebnis kann sich jedenfalls schmecken lassen: Ihre letzte Schwarzwälder Kirschtorte, die er mit in seine Firma bekam, war innerhalb von fünf Minuten aufgegessen.

Sommerliche Fruchttörtchen

schnell

Zutaten

Für den Teig
- 75 g Margarine
- 75 g Zucker
- 1 Päckchen Vanillezucker
- 2 Eier, 1 Prise Salz, 250 g Mehl
- 1 gestr. TL Backpulver

Für den Belag
- 1 Päckchen Vanillepuddingpulver
- 1/2 l Milch, 2 EL Zucker
- je 1 Handvoll frische Erdbeeren oder Walderdbeeren, Himbeeren, Johannisbeeren
- 1 Päckchen roter Tortenguss
- 1/2 l Himbeersaft

Für die Dekoration
- Weingummi
- glasierte Schokobonbons
- Sprühsahne oder normale Schlagsahne

Für den Rührteig Margarine, Zucker, Vanillezucker, Eier und die Prise Salz mit dem Mixer schaumig schlagen, dann Mehl und Backpulver unterrühren. Sieben bis acht kleine Tortenboden-Förmchen einfetten und je einen Esslöffel Teig darauf verteilen. Bei Ober- und Unterhitze 15 Minuten bei 175° backen. Anschließend die Törtchen etwas auskühlen lassen.

Für den Belag den Vanillepudding nach Packungsanweisung kochen. Von dem noch heißen Pudding je zwei Esslöffel auf die Törtchen geben und glatt streichen. Wenn der Pudding abgekühlt ist, die Früchte nach Geschmack darauf verteilen. Dann aus Himbeersaft, Zucker und Tortengusspulver nach Packungsanweisung den Tortenguss zubereiten und noch heiß auf die Früchte geben. Abkühlen lassen und mit Schokobonbons, Weingummi und bzw. oder Sahne verzieren.

Tipp

Die Teigmenge ist so bemessen, dass Sie aus dem Teig einen normalen Tortenboden backen können.

Christel Greiwe *(Telgte)*

Als Christel Greiwe mit 20 Jahren ihre Meisterprüfung als Friseurin ablegte, da stand für sie schon fest, dass sie eines Tages ihren eigenen Friseursalon haben wollte. Als ihr dann drei Jahre später ein Salon in Westbevern angeboten wurde, erfüllte sich ihr Traum von der Selbständigkeit schneller, als sie erwartet hatte; seit 20 Jahren sorgt sie jetzt schon in Westbevern für den richtigen Schnitt – Zeit genug um herauszufinden, ob ihre Entscheidung damals richtig war: Bereut hat sie sie noch nie. Im Gegenteil, man glaubt ihr sofort, wenn sie strahlend erzählt, dass ihr Beruf sich optimal mit Mann und zwei Kindern verbinden lässt.

Sohn Dominik (18) und Tochter Henrike (14) begeben sich immer noch am liebsten in die Hände ihrer Mutter, wenn ein neuer Haarschnitt her muss. Am meisten macht Christel Greiwe an ihrer Arbeit der tägliche Kontakt mit den Leuten Spaß. „Man hat jeden Tag mit anderen Menschen zu tun, immer wieder neue Situationen, und das ist auch das Interessante daran."

Auch ihre Freizeit verbringt Christel Greiwe am liebsten zusammen mit vielen Leuten. So singt sie mit Begeisterung im Westbeverner Frauenchor. Der Höhepunkt des Jahres ist für sie aber die Wallfahrt von Osnabrück nach Telgte. Zusammen mit anderen Telgtern fährt sie dann mitten in der Nacht nach Osnabrück. Nach einem Gottesdienst und einer Tasse Kaffee setzt sich gegen drei Uhr morgens die Gruppe von zwei- bis dreihundert Menschen in Bewegung. Sie gehen sehr zügig. Zwischendurch gibt es ein paar Erholungspausen, in denen getrunken, gegessen, wunde Füße verarztet und Beine massiert werden.

Wenn die Wallfahrer schließlich nachmittags um 16 Uhr singend und betend in Telgte einziehen, sind sie nicht mehr 200, sondern 7000. Wie vielen anderen schmerzen dann auch Christel Greiwe die Füße nach den 48 gelaufenen Kilometern. Aber sie weiß genau, dass sie auch im nächsten Jahr wieder mit dabei sein wird.

Rote Grütze-Schmand-Torte

sahnig-fruchtig

Zutaten

Für den Mürbeteigboden
80 g Margarine oder Butter
40 g Zucker, 1 Eigelb
1 TL Essig, 125 g Mehl

Für den Biskuitboden
2 Eigelb
40 g Zucker
1 1/2 EL warmes Wasser
1 Päckchen Vanillinzucker, 1 Prise Salz
2 Eiweiß, 50 g Zucker, 50 g Mehl
1/2 TL Backpulver, 20 g Speisestärke

Für die Füllung
2 Becher Schmand à 200 g
9 EL Gelierzucker extra 2:1
2 Becher Sahne à 200 g
750 g gefrorenes Beerenobst
4 EL Zucker, 1 Tasse Kirschsaft
2 Päckchen Vanillepuddingpulver
zum Aufkochen und 6 EL Kirschsaft

Für den Mürbeteigboden Margarine oder Butter, Zucker, Eigelb und Essig miteinander verrühren und dann langsam das Mehl dazugeben.
Den Boden einer Springform (28 cm Durchmesser) mit Backpapier auslegen, den Teig mit bemehlten Händen darauf festdrücken und bei 150° Umluft ca. 20 Minuten backen, bis er eine schöne hellbraune Farbe hat. Für den Biskuitboden Eigelb, 40 g Zucker, warmes Wasser, Vanillinzucker und Salz schaumig rühren. Dann das Eiweiß mit 50 g Zucker steif schlagen und vorsichtig unter die Eigelbmasse heben. Mehl, Speisestärke und Backpulver mischen und darüber sieben, vorsichtig unterziehen. Den Biskuitteig in eine mit Backpapier ausgelegte kleinere Springform (26 cm Durchmesser) geben. Im Ofen bei 150° Umluft ca. 15 Minuten backen.

Für die Rote Grütze das gefrorene Beerenobst zusammen mit einer Tasse Kirschsaft und vier Esslöffeln Zucker ca. 5–10 Minuten aufkochen. Das Puddingpulver mit dem restlichen Kirschsaft verrühren und soviel davon zum Andicken mit den Früchten aufkochen, bis die Masse eine etwas festere, aber noch geschmeidige Konsistenz hat. Die Rote Grütze soll nicht ganz steif werden. Erkalten lassen.

Für die Schmand-Sahne-Füllung den Schmand gut mit dem Gelierzucker verrühren, die Sahne steif schlagen und beides vorsichtig vermischen.

Wenn alle Zutaten gut ausgekühlt sind, einen Tortenring um den Mürbeteigboden spannen und ein Drittel der Roten Grütze darauf verteilen. Dann den kleineren Biskuitboden in die Mitte setzen, so dass rundherum ein Rand frei bleibt. Darüber nun, bis auf einen kleinen Rest für die Dekoration, die Schmand-Sahne geben, dabei darauf achten, dass der Rand rundherum damit gefüllt wird. Mit einem Esslöffel kleine „Wellen" in die Masse drücken. Nun die Torte für mindestens sechs Stunden oder am besten über Nacht in den Kühlschrank stellen. Kurz vor dem Servieren die restliche Rote Grütze darauf verteilen.

Barbara Flenker *(Münster-Hiltrup)*

Das Auge isst mit, und deshalb kommt es auch aufs Outfit an. Für Barbara Flenker eine klare Sache. Die Designerin weiß, worauf es ankommt, um Blicke zu fesseln. Wie das in der Praxis funktioniert, testete sie im Rahmen ihrer Diplomarbeit. Das Endresultat einjähriger Vorbereitung und Recherche: zwei Kochbücher. Die Rezepte trug Barbara Flenker mit Freunden zusammen, die Illustrationen, Grafik und Layout entstanden unterm Dach, am eigenen Schreibtisch zu Hause, mitten im praktischen Leben einer Hausfrau, die einen Vier-Personen-Haushalt versorgt und Beruf plus Familienleben unter einen Hut bringen muss. Das Buch war für beide ein Erfolg: ein glänzender Studienabschluss für Barbara Flenker und gute Umsatzzahlen für den Verlag – sogar in koreanischer Übersetzung.

Im stressigen Berufsalltag kommt Barbara Flenker heute nicht mehr allzu oft zum Backen. Deshalb muss es bei ihr schnell gehen. Ihre Mascarpone-Torte ist da genau das Richtige.

Denn sie „backt" im Kühlschrank – und das über Nacht. Die verschiedenen Tortenschichten werden einfach gerührt, in die Kuchenform geschichtet und ab geht es in den Kühlschrank.

Der ideale kühle Sommergenuss fürs kalte Buffet auf der Terrasse oder als Dessert beim Grillabend, zu dem Barbara Flenker gerne Freunde einlädt ...

Mascarpone-Torte

cremig

Zutaten

Für den Teig
175 g Löffelbiskuits
175 g Butter
Fett für die Springform

Für die Creme
12 Blatt weiße Gelatine
250 g Mascarpone
300 g Vollmilchjoghurt (2 Becher à 150 g)
1/2 Zitrone
1/8 l Amaretto
175 g Zucker
200 g Schlagsahne
500 g Erdbeeren, davon 6 bis 7 zur Garnitur beiseite legen
4 Kiwis
170 bis 175 g Pistazien

Löffelbiskuits mit den Händen zerbröseln. Brösel und Butter, die möglichst weich sein sollte, verkneten. Die krümelige Masse in eine Springform (26 cm) geben und den Boden gut festdrücken.

Mindestens eine Stunde im Kühlschrank aushärten lassen.

12 Blatt Gelatine in kaltem Wasser einweichen. Joghurt, Zitronensaft, Mascarpone, Zucker und Amaretto verrühren. Die eingeweichte Gelatine erwärmen, bis sie flüssig ist, dann unter die Mascarponecreme rühren und anschließend ca. 15 bis 30 Minuten kalt stellen. Die Springform aus dem Kühlschrank holen, den Rand mit Backpapier belegen, am besten mit einem runden Streifen, den man selbst zurechtschneidet. Die Sahne steif schlagen und unter die gelierte Mascarponecreme geben, ebenso wie die klein geschnittenen Erdbeeren und Kiwis. Die fertige Creme anschließend in die Springform füllen und in den Kühlschrank stellen; mindestens drei Stunden auskühlen lassen, bis sie fest ist.

Erst kurz vor dem Servieren die Torte aus dem Kälteschlaf nehmen und mit gehackten Pistazien, Erdbeeren und Kiwis garnieren.

Tipp

Die Torte schmeckt nicht nur mit Erdbeeren. Diese lassen sich je nach Saison und regionalem Angebot auch durch andere frische Früchte ersetzen, z. B. durch Himbeeren, Waldbeeren oder Brombeeren.

Margreth Laurenz *(Gronau)*

Teamarbeit ist bei Familie Laurenz gefragt. Mit Ehemann Heinz und fünf Kindern bewirtschaftet sie in der Nähe der niederländischen Grenze einen Bauernhof, und das ist ein ganz besonderer. Etwas versteckt, idyllisch im Grünen gelegen, ist der Hof der Familie Laurenz einer der beliebtesten Ferienhöfe in Nordrhein-Westfalen. Viele Auszeichnungen in den letzten drei Jahren bescheinigen allen das besondere Engagement. Und das bedeutet einen 14-Stunden-Tag und eine 7-Tage-Woche, besonders während der Hochsaison. Ferienwohnungen, jede individuell eingerichtet, Lädchen und nicht zu vergessen das Bauernhofcafé sind Mittelpunkt auf dem Hof.

Besonders Familien mit Kindern sind Stammkunden. Ihr Favorit im Café: Eistorte und frische Obsttorten. Das Besondere an diesem Ferienhof: Es gibt genug Platz zum Herumtollen, und eine extra Spielscheune bietet auch bei schlechtem Wetter die besten Voraussetzungen für Groß und Klein. Die Überraschung: Schlafen im Heu. Dafür wurde ein Scheunenboden leer geräumt und mit gemütlichen Strohlagern eingerichtet, einmal aufschütteln und schon ist die Naturmatratze fertig. Radler nutzen die Scheune gerne als Übernachtungsquartier auf ihrer Tour entlang der niederländischen Grenze und lassen sich mit Speckpfannkuchen im Bauernhofcafé verwöhnen.

Trotz der Feriengäste betreibt Heinz Laurenz auch noch seinen landwirtschaftlichen Betrieb, natürlich mit Pferden, denn Reiten ist die Attraktion für Mädchen. Die Jungs zieht es da mehr zum Fußballtor auf die Wiese und/oder zu den Riesen-Kettcars und Minitreckern mit Pedalbetrieb.

Das Küchenregiment führt Margreth Laurenz. Ihre Spezialität: Selbstgebackenes und Selbstgerührtes – eben leckere Hausmannskost, mit Speckpfannkuchen und Co.

Und das schätzen die Gäste, zumal sie mit ein bisschen Glück das Rezept mit nach Hause nehmen können. Wer will, kann auch einen Strauß Blumen im Bauerngarten selber pflücken, eigens ein Service für Hausgäste.

Eiskrokant-Torte

knackig

Zutaten

Biskuitboden
1 Ei
50 g Mehl
50 g Zucker
2 EL heißes Wasser

Eiscreme
200 g Haselnüsse (gemahlen)
5 Eier
200 g Zucker
1/2 l Sahne
1–2 EL Instant-Kaffeepulver
50–70 g geriebene Blockschokolade (Halbbitter oder Vollmilch, je nach Geschmack)

Zubereitung Biskuitboden
Das Ei in Eigelb und Eiklar trennen, Eischnee schlagen, Wasser hinzugießen, Zucker und Eigelb hinzufügen, Mehl einstreuen, alles gut verrühren und den Teig dann auf dem Boden einer Springform (Durchmesser: 26 cm) 10 Min. bei 180 Grad (Umluftherd) abbacken. Falls kein Umluftherd vorhanden, bei 200–220 Grad im normalen Ofen backen.

Zubereitung Krokantmasse
5 Eier in Eiklar und Eigelb trennen, Eischnee schlagen, Zucker hinzugeben und zum Schluss die Nüsse unterheben. Die Masse sanft verrühren und auf einem Backblech (auf Backpapier) verstreichen. Bei ca. 130–150 Grad (Umluftherd) oder ca. 160–180 Grad im normalen Backofen etwa 50 bis 60 Minuten backen. Sobald die Masse eine braune Farbe annimmt und gut getrocknet ist, den Krokant aus dem Backofen nehmen, auskühlen lassen und mit einer Teigrolle fein zerbröseln.

Sahne-Zubereitung
Die Sahne schlagen und in drei gleich große Mengen teilen. Eine Hälfte pur lassen, eine Hälfte mit der geriebenen Blockschokolade vermischen und aus dem dritten Teil eine Mokkasahne herstellen. Dazu den Instantkaffee in 1–2 Esslöffel heißem Wasser auflösen und unter die Sahne ziehen.

Tortenherstellung
Die Eistorte wird Schicht für Schicht aufgebaut. Den Biskuitboden auf eine kältebeständige Kuchenplatte legen und mit einem Kuchenring versehen (Edelstahl oder Kunststoff). Es klappt auch mit einer Springform (Durchmesser ca. 26 cm). Auf den Biskuitboden nacheinander folgende Schichten auftragen: Krokant, Mokkasahne, Krokant, Sahne pur, Krokant, Schokoladensahne, Krokant. Es können noch mehr Schichten sein, je nach Größe der Torte. Die Reihenfolge ist Geschmackssache. Die letzte Schicht sollte auf jeden Fall Krokant sein, denn sie bleibt im Kälteschlaf stabil.

Die fertige Torte muss 24 Stunden im Tiefkühlschrank/-fach durchfrieren. Ca. 15 Min. vor dem Servieren herausnehmen, so entfaltet die Eiskrokant-Torte ihren vollen Geschmack.

Tipp
Die Eiskrokant-Torte ist die ideale Vorratstorte für unverhofften Besuch. Einmal zubereitet lässt sie sich gut portionieren. Sie hält sich mindestens drei bis vier Monate in der Tiefkühltruhe frisch, aber nur gut verpackt, denn Eis nimmt leicht Fremdgerüche an.

Elke Tassemeier *(Ladbergen)*

Ihre Freizeit verbringt Elke Tassemeier am liebsten im Garten. „Da hab' ich Ruhe und kann fröhlich vor mich hin pröddeln", sagt sie und blickt dabei auf ihren frisch gepflanzten kleinen Pfirsichbaum, die Blumen- und Gemüsebeete. Die sind tatsächlich groß genug, um den größten Teil ihrer Freizeit zu beanspruchen.

Allein könnte sie die Gartenarbeit kaum schaffen. Aber sie bekommt Unterstützung von ihrer Mutter und ihrem Bruder. Denn ihre Wohnung ist auf dem elterlichen Hof in Ladbergen. Wenn sie nicht gerade etwas ein-, aus- oder umgräbt, beobachtet sie die Tiere, die je nach Jahreszeit den Garten besuchen. Für Elke Tassemeier sind sie so eine Art Unterhaltungsprogramm: „Im Moment ist eine Eichhörnchenbande bei uns unterwegs. Da braucht man kein Fernsehen mehr."

Beruflich hat sie den ganzen Tag viel mit anderen Menschen zu tun. Sie arbeitet im Ladbergener Traditionsgasthaus „Möller's Hof" im Service. Die Arbeit macht ihr Spaß; aber wenn sie sich den ganzen Tag drinnen auf die Wünsche ihrer Gäste eingestellt hat, dann genießt sie es, auch mal nicht reden zu müssen und draußen in der Natur zu sein.

Eigentlich wollte Elke Tassemeier Konditorin werden. Irgendwie hat das aber nicht geklappt. Ihre Leidenschaft fürs Backen hat sie aber nach wie vor behalten. So backt sie manchmal Torten für das Gasthaus, in dem sie arbeitet. Und ab und zu ist dann auch die Flockentorte dran. Eindrucksvoll hochgetürmt sieht sie aus mit den Mini-Windbeuteln obendrauf. Elke Tassemeier hofft, dass der neue Pfirsichbaum schnell wächst und bald Früchte trägt, denn dann gibt's die Flockentorte mit Pfirsichen aus dem eigenen Garten.

Flockentorte mit Mini-Windbeuteln

aufwendig

Zutaten

Für den Mürbeteig
150 g Mehl
100 g Margarine
2 EL Zucker
1 Päckchen Vanillinzucker

Für den Brandteig
250 ml Wasser
50 g Butter
150 g Mehl
30 g Speisestärke
1 TL Backpulver
5–6 Eier (je nach Größe)

Für die Füllung
1 Dose Pfirsiche (850 ml)
2 Päckchen heller Tortenguss
2 EL Zucker
1 l Sahne
4 Päckchen Sahnesteif
4 Päckchen Vanillinzucker
3 EL rotes Johannisbeergelee
Puderzucker

Die Zutaten für den Mürbeteig miteinander verkneten und eine gefettete Springform damit auslegen. Mit einer Gabel mehrmals einstechen und 15 Minuten im Kühlschrank ruhen lassen. Den Boden bei ca. 200° ungefähr 15 Minuten backen. Er soll goldbraun sein.

Für den Brandteig Wasser und Butter in einem Stieltopf zum Kochen bringen. Den Topf vom Herd nehmen und das mit Speisestärke vermischte Mehl dazugeben. Mit einem Holzlöffel so lange rühren, bis ein Kloß entsteht. Den Topf wieder auf die heiße Herdplatte setzen und weiterrühren, bis sich auf dem Topfboden eine weiße Schicht absetzt. Dann den Teigkloß in eine Rührschüssel umfüllen und sofort das erste Ei gründlich unterrühren (mit einem Holzlöffel oder mit dem Mixer, auf kleinster Stufe und mit Knethaken). Einzeln die anderen Eier einarbeiten. Der Teig soll glänzen und zäh vom Löffel bzw. Knethaken reißen. Abkühlen lassen. Das Backpulver mit einem Holzlöffel unterrühren. Fünf Springformböden (ohne Ring) fetten und mit Mehl bestäuben. Wenn Sie nicht so viele Formen haben, bereiten Sie sie nacheinander vor. Den Backofen auf 200° vorheizen. Auf den ersten Springformboden mit einer Spritztülle 14 kleine Häufchen spritzen (das werden die Mini-Windbeutel). Den restlichen Teig dünn und glatt auf die anderen vier Böden streichen. Nacheinander die Böden bei 190°–200° ca. 15 Minuten backen. Sie sollen eine goldene Farbe haben. Stellen Sie beim Backen eine Tasse kaltes Wasser mit in den Ofen, das ist gut für den Teig. Auskühlen lassen.

Für die Füllung die Pfirsiche in kleine Stücke schneiden, den Saft auffangen. Den Tortenguss mit Zucker und etwas Pfirsichsaft anrühren. 400 ml Pfirsichsaft aufkochen. Wenn er nicht ausreicht, füllen Sie ihn mit Wasser auf. Tortenguss einrühren und die Pfirsichstückchen dazugeben. Die Pfirsichmasse sofort auf drei der vier Brandteigböden verteilen. Den Mürbeteigboden mit dem Johannisbeergelee bestreichen. Die Sahne mit Sahnesteif und Vanillinzucker steif schlagen. Von den Mini-Windbeuteln die Deckel abschneiden und sie mit Sahne füllen, Deckel wieder locker darauf setzen. Einen der Brandteigböden zerrupfen (für die Flocken).

Nun die Torte zusammensetzen: Auf den Mürbeteigboden den ersten Brandteigboden setzen und mit Sahne bestreichen, den nächsten Boden daraufsetzen und so weiter verfahren, bis alle Böden zusammengesetzt sind. Die oberste Schicht und die Seiten mit Sahne bestreichen. Die Seite der Torte mit den Brandteigflocken verzieren. Auf der Oberseite 14 Stücke markieren und jeweils einen Mini-Windbeutel darauf setzen. Die restlichen Flocken oben auf der Torte verteilen und mit Puderzucker bestäuben.

Die Flockentorte sollten Sie am Tag des Verzehrs backen. Sie lässt sich am besten mit einem Elektromesser schneiden.

Irmgard Fehrenstuckstette-Austrup *(Oelde-Lette)*

Etwas anderes als Landwirtin wollte Irmgard Fehrenstuckstette-Austrup noch nie werden. „Das ist einfach mein Lebensgefühl", sagt sie. Sie wohnt mit ihrem Mann, ihren beiden Töchtern Miriam und Kira (sieben und viereinhalb Jahre alt) und ihren Eltern auf dem elterlichen Hof in Lette.

Hier kümmert sie sich um 200 Sauen und 600 bis 700 Ferkel. Ihr Vater hilft ihr dabei. Ihr Mann arbeitet auf dem Hof seiner Eltern in Telgte und kümmert sich außerdem um alles, was mit dem Ackerbau der zwei Höfe zu tun hat. Zusammen mit Haus- und Gartenarbeit und den Kindern hat sie gut zu tun. Zwar teilen sie und ihre Mutter die Arbeit untereinander auf, aber für ihr früheres Hobby, das Turnierreiten, hat sie einfach keine Zeit mehr. Drei Stunden brachte sie täglich damit zu, heute undenkbar.

Aber es macht ihr nichts aus, dass andere Aktivitäten jetzt wichtiger sind. Statt zu reiten, fährt sie mit den Töchtern Fahrrad. Oder sie backt mit ihnen und ihren Freunden und Freundinnen Stockbrot. Dafür suchen Miriam und Kira mit ihrer Mutter zuerst die passenden langen Stöcke zusammen. Dann bereitet Irmgard Fehrenstuckstette-Austrup den Hefeteig zu. Wenn alle Kinder da sind, sitzen sie alle im Kreis um ein kleines Lagerfeuer herum und halten die langen Stöcke mit dem Brotteig auf der Spitze über die Glut. Obwohl das Stockbrot mit Butter und Marmelade oder Käse sehr gut schmeckt, lassen die Kinder solche Beilagen meist links liegen.

Viel spannender ist es, das Brot noch warm direkt vom Stock zu knabbern. Los ist auf jeden Fall immer etwas auf dem Hof. Täglich bringen Miriam und Kira Kinder mit nach Hause, und täglich gibt es neue Abenteuer.

Besonders aufregend ist es für die beiden, wenn eine der ungefähr vier Hofkatzen (eine genaue Zahl weiß man nicht) Junge bekommen hat. Einmal gefunden, können die Mädchen sich kaum von ihnen losreißen. Ob die beiden später auch Landwirtinnen werden wollen wie ihre Mutter? Die jedenfalls hat für sich wohl das Richtige gewählt, denn sie resümiert: „Ich bin ausgelastet und zufrieden, wie es ist."

Stockbrot *rustikal*

Zutaten

500 g Mehl
1 Päckchen Trockenhefe
1 TL Salz
70 g Zucker
60 g Butter
1/2 l lauwarme Milch

Das Mehl mit der Trockenhefe, dem Salz und dem Zucker in einer Schüssel locker vermischen. Die Butter flüssig werden lassen; wenn sie etwas abgekühlt ist, mit dem Teig vermengen. Die Milch etwas erwärmen (sie soll nur lauwarm sein) und den Teig damit verkneten. Zugedeckt den Hefeteig 20 bis 30 Minuten gehen lassen. Danach etwa 12–14 kleine Knödel formen.

Zum Backen benötigt man gerade Stöcke, deren Ende man mit Alufolie umwickelt. Die Teigknödel fest auf die Alufolie drücken und ca. 10 Minuten über die Glut halten. Aufpassen, dass das Stockbrot von außen nicht zu schwarz wird. Wichtig ist auch, dass das Feuer keine Flammen mehr schlagen darf. Sonst verbrennt das Stockbrot von außen und von innen ist der Teig noch roh.

Zum Stockbrotbacken braucht man nicht unbedingt ein richtiges Lagerfeuer, es geht auch mit einem ganz normalen Gartengrill. Zum Stockbrot passen Butter, Marmelade oder Kräuterbutter. Aus diesem Grundteig kann man auch Rosinenbrot herstellen: Einfach eine Tüte Rosinen (250 g) in den fertigen Teig einkneten, eine Kastenform ausfetten und den Teig darin bei 170 Grad Ober- und Unterhitze ca. 45 Minuten backen.

Tipp

Achten Sie darauf, dass alle Zutaten für den Teig Zimmertemperatur haben. Damit das Stockbrot nicht verbrennt, sollten Sie es nur über die Glut halten, nicht über das Feuer.

Margret Aldenhövel *(Nottuln)*

Im Herbst stapeln sich auf dem Hof von Margret Aldenhövel die Kisten und Körbe voller Äpfel. Sie kocht sie zu Apfelmus ein, presst sie zu Apfelsaft aus oder bereitet daraus eine köstliche Apfelmarmelade mit einem guten Schuss Calvados.

Auf den Dielen und in den Vorratskammern der anderen Landfrauen aus Nottuln und Schapdetten sieht es dann nicht anders aus als bei ihr: Äpfel, so weit das Auge blickt. Klar, dass dann lange Zeit Apfelkuchen in allen möglichen Variationen auf den Kaffeetischen stehen.

Das brachte die Landfrauen auf die Idee, Apfelbackrezepte zu sammeln und ein Büchlein damit herauszubringen. Nach langem Sichten, Lesen und Aussortieren von doppelten oder zu ähnlichen Rezepten war es dann im September 1999 soweit: Das Apfelbackbuch mit 64 erprobten Rezepten von 80 Landfrauen kam heraus. Die Landfrauen stellten es auf einer von ihnen organisierten Handarbeitsausstellung vor. Und ihr Einsatz lohnte sich. Aus dem Erlös der verkauften Handarbeiten, aus Adventscafés und der im Laufe der Zeit verkauften Bücher konnten sie schon ein Jahr später eine neue Weihnachtskrippe kaufen. Zur Weihnachtszeit kann man sie nun in der katholischen Kirche in Nottuln sehen.

Eins der ausgefallensten Rezepte ist der Schokoladenkuchen mit Mascarpone-Apfel-Creme. Praktisch daran: Er hilft, langsam aber sicher den Vorrat an gefüllten Einmachgläsern zu dezimieren, denn er wird mit eingekochten Apfelstückchen zubereitet und ist so lecker, dass man ihn garantiert nicht nur einmal backen will. Nachdem das Rezept im Kuchenbuffet in der Lokalzeit Münsterland erschienen war, so erzählt Margaret Aldenhövel, gab es in Nottuln und Umgebung einen Engpass an Kirschäpfeln. „Dabei haben viele hier unser Büchlein zu Hause stehen. Aber erst nach der Sendung wollten sie den Kuchen backen; dann aber auch alle gleichzeitig.“

Wer das Apfelbackbuch noch nicht hat, kann es bei der Vorsitzenden der Landfrauen, Margret Beckmann, bestellen: Telefon 0 25 02 / 93 10. Es kostet 8,– DM.

mit Mascarpone-Apfel-Creme

Schokoladenkuchen ausgefallen

Zutaten

Für den Rührteig
175 g Butter, 150 g Zucker
1 Päckchen Vanillinzucker, 3 Eier
55 g Halbbitterkuvertüre
200 g Mehl, 1 EL Kakao
1/2 Päckchen Backpulver
50 g gemahlene Haselnüsse
2–3 EL Sahne

Für den Belag
4 Blatt weiße Gelatine
250 g Sahne, 2 EL Zucker
2 Päckchen Vanillinzucker
1 Päckchen Sahnesteif
250 g Mascarpone
1–2 EL Zitronensaft, 1 Glas Apfelstücke (abgetropft 425 g)

Für die Verzierung
75 g Zartbitterkuvertüre
1 Dose Kirschäpfel mit Stiel
1 EL Zartbitter-Schokoladenflocken

Für den Rührteig die Butter mit Zucker und Vanillinzucker schaumig schlagen, danach die Eier zugeben. Die Halbbitterkuvertüre raspeln und mit Mehl, Kakao, Backpulver und den gemahlenen Haselnüssen vermischen. Diese Mischung zum Teig geben und unterrühren. Zum Schluss die Sahne zugeben. Den Teig auf eine gefettete Tortenbodenform (28 cm Durchmesser) füllen und im vorgeheizten Ofen bei 175° eine Dreiviertelstunde backen. Auf einem Kuchengitter abkühlen lassen.

Erst danach die Creme zubereiten. Zuerst die Sahne mit Zucker, Vanillinzucker und Sahnesteif schlagen. Die Gelatine nach Packungsanweisung auflösen und dann in die Sahne einrühren (die Gelatine muss flüssig, darf aber nicht mehr zu heiß sein). Danach den Mascarpone und den Zitronensaft unterrühren. Zum Schluss die Apfelstücke unterziehen. Die Creme auf den Schokoladen-Tortenboden füllen und mit den Schokoladenflocken bestreuen. Die Zartbitterkuvertüre im Wasserbad auflösen und vierzehn der abgetropften Kirschäpfel mit einer Seite hineintauchen und auf den Kuchen setzen. Noch ein bis zwei Stunden in den Kühlschrank stellen.

Agnes Valtwies *(Oeding)*

Eigentlich sollte es ja eine richtige Sahnetorte sein, die Agnes Valtwies auf dem WDR-Kuchenbuffet präsentieren wollte, aber dann entschied sie sich doch für den Dinkel-Apfelkuchen. Der Münsterländer Apfeltag brachte Familie Valtwies auf die Idee, das Rezept wieder aus der Schublade zu holen, denn auf dem Bauernhof der Familie Valtwies ist dieser Blechkuchen heiß begehrt. Der besonders kräftige Geschmack des Dinkelmehls verleiht dem Kuchen seinen aparten Geschmack. Zudem können auch alle Allergiker, die kein Getreideeiweiß, den sog. Kleber, vertragen, bei Dinkelmehl getrost zugreifen.

Zwischen Kälberstall, Melken und Füttern erledigt Agnes Valtwies die Küchenarbeit mit viel Routine. Ohne sie geht es nicht, auch nicht beim Backen, denn am Wochenende, wenn alle vier Söhne vorbeischauen, ist Leckeres aus dem Backofen gefragt und ein Grund, sich zur gemütlichen Kaffeestunde zusammenzusetzen. Mitreden kann nur der, der Platt versteht, denn das wird hier nicht nur gepflegt, sondern ist Alltagssprache. Trotz Küche, Kindern, Stall und Haushalt hat Agnes Valtwies noch Zeit für ein Hobby: Landfrauenarbeit, die Pflege alter Trachten und der Sprache, einem ganz besonderen Platt mit niederländischem Einschlag, denn der Hof liegt nahe der Grenze. Stöbern in alten Zeitschriften, Katalogen und Chroniken lässt Agnes Valtwies immer wieder fündig werden. Alle Trachten lassen sich heute zwar nicht mehr rekonstruieren, aber an ihrer Nähmaschine zaubert Agnes Valtwies aus neuen Stoffen fast originalgetreue alte Trachten.

Präsentiert werden sie bei Auftritten des Heimatvereins: Brauchtumspflege zum Anfassen.

Dinkel-Apfelkuchen

kräftig-fruchtig

Zutaten

Hefeteig

- 550 g Dinkelmehl
- 2 EL Öl
- 50 g Zucker
- 1 EL Apfelkraut
- 1 EL Obstessig
- 1 Päckchen Vanillinzucker
- 1 EL Cognac oder Rum
- 1/2 Päckchen frische Hefe
- 250 l lauwarme Milch (es geht auch mit Wasser)
- 1 g Salz

Füllung

- 1250 g gewürfelte Äpfel (z. B. Boskop oder eine andere säuerliche Sorte)
- 100 g Rosinen oder Korinthen (es geht auch eine Mischung)
- je 50 g gehackte Nüsse, Mandeln, Kokosraspel
- 5 EL Gelierzucker
- 1 TL Zimt

Streusel

- 200 g Butter oder Margarine
- 200 g Zucker
- 1 Ei
- 350 g Dinkelmehl
- 2 TL Backpulver
- 1 Päckchen Vanillinzucker
- 1 Prise Salz
- 2 EL Milch oder Sahne

Die Hefe mit etwas Zucker (1–2 EL) in der Milch aufgehen lassen. Alle anderen Zutaten in eine Rührschüssel geben, mit der Hefemilch verrühren. Der Teig muss so lange geknetet werden, bis er glatt ist. Zum Schluss mit etwas Mehl abstäuben, damit er nicht mehr klebt. Dann etwa eine Stunde ruhen lassen.

Die Äpfel schälen, würfeln, dann mit Gelierzucker bestreuen. Kurz umrühren, ca. drei bis vier Minuten bei 600 Watt in der Mikrowelle andünsten. Dann die übrigen Zutaten unterrühren.

Alle Zutaten des Streuselteiges zu Streuseln in einer Rührschüssel verkneten (am besten geht es mit den Händen).

Den aufgegangenen Hefeteig ausrollen und auf ein Backblech geben. Falls es ein sehr flaches Blech ist, einen Metall- oder Papprand anbringen. Die Füllung darauf verteilen, darüber die Streusel geben und nochmals 20 bis 30 Minuten ruhen lassen. Anschließend 30 bis 40 Minuten bei 170 Grad auf der mittleren Schiene backen. Bei Umluftherden reichen 150 bis 160 Grad und ca. 30 Minuten.

Nach dem Auskühlen den Apfelkuchen in Stücke schneiden und mit Sahnetupfern und getrockneten Apfelringen garnieren.

Tipp

Dinkelmehl kann komplett durch Weizen- oder Roggenmehl ersetzt werden, je nach Geschmack. Wer Vollkornmehl einsetzt, muss etwas mehr Flüssigkeit hinzugeben.

Gerburg Meier Westhoff
(Neubeckum)

Seit 300 Jahren steht das alte Backhaus schon auf dem Hof Meier Westhoff. Seit elf Jahren heißt es „Backhaus am Angelbach" und ist ein Café. Drei Tage in der Woche hat Gerburg Meier Westhoff im Sommer geöffnet und dann gibt es Kaffee und selbst gebackenen Kuchen.

Essen kann man bei ihr das ganze Jahr über – wenn man sich vorher anmeldet. Ob Frühstück, Brunch oder Abendessen, traditioneller Grünkohl oder Gourmet-Menü, sie kocht fast alles, was sich ihre Gäste wünschen, am liebsten aber mit Zutaten der Saison aus der heimischen Umgebung. Ab zehn Personen können sich bei ihr anmelden, bis zu 60 bringt sie im Backhaus unter. Auf die Idee, das alte Backhaus zu einem Café umzubauen, kam Gerburg Meier Westhoff, weil immer wieder Fahrradfahrer oder Wanderer auf ihren Touren bei ihr anhielten und fragten, ob sie Getränke verkaufe.

Schließlich baute sie das Backhaus um und richtete im Haupthaus zusätzlich ein Zimmer als Gastraum her. Ihren landwirtschaftlichen Betrieb mussten Meier Westhoffs aus gesundheitlichen Gründen 1995 verpachten. In einem Teil des Hofes ist der Neubeckumer Reitverein untergebracht und ihr Mann Ludolf hält Pensionspferde und hat eine Hundeschule mit Hundepension. Zusammen mit den Gästen des Backhauses ist also auf dem Hof für Abwechslung gesorgt. Die durstigen Fahrradfahrer und Wanderer, die Gerburg Meier Westhoff heute nach Apfelschorle oder Cola fragen, bleiben dann noch meist zu Kaffee und Kuchen der Saison.

Apfelkuchen mit Mandelkruste

rustikal

ZUTATEN

Für den Rührteig
200 g Margarine
175 g Zucker
1 TL Vanillinzucker
2 Eier
1 Prise Salz
2 TL Backpulver
250 g Mehl

Für die Füllung
750 g – 1 kg Äpfel
1 Zitrone
1 EL Butter
50 g Rosinen
1 EL Vanillinzucker

Für die Glasur
100 g Butter
2 EL Farinzucker (brauner Zucker)
1 EL Honig
1/2 TL Anis
100 g Mandeln

Zuerst für den Rührteig die Margarine mit dem Mixer schaumig rühren, dann Zucker und Vanillinzucker dazugeben. Anschließend kommen die Eier und eine Prise Salz hinzu. Zum Schluss Backpulver und Mehl vermischen und einrühren. Schließlich den fertigen Teig in eine gut gefettete Springform (26er Durchmesser) füllen und einen kleinen Teigrand hochstehen lassen.

Dann für die Füllung die Zitrone auspressen und den Saft in eine große Schüssel gießen. Die Äpfel schälen, entkernen, in Stücke schneiden und in dem Zitronensaft wenden, damit sie nicht braun werden. Anschließend in einem großen Topf die Butter heiß werden lassen und die Äpfel mit dem Vanillinzucker und den Rosinen hineingeben. Die Apfelmischung so lange dünsten, bis die Äpfel etwas weich werden, dann noch heiß auf dem Teig verteilen. Backofen auf 175 Grad Celsius vorheizen und Kuchen darin 45 Minuten backen (Umluftherd: 160 Grad Celsius, ohne vorzuheizen).

Gegen Ende der Backzeit die Glasur zubereiten. Die Butter in einem Topf aufschäumen lassen und dann den Farinzucker dazugeben. Wenn die Mischung braun wird, Honig und Anis einrühren und von der Herdplatte nehmen. Die Mandeln unter die Masse heben und sofort auf dem noch heißen Kuchen verteilen. Achtung: Die Mandelmasse darf vorher nicht auskühlen, sonst wird sie hart und ist nicht streichfähig. Den Kuchen noch einmal für 15 Minuten im Ofen überbacken. Servieren mit Vanillesoße, Vanilleeis, Sahne.

TIPP

Am besten schmeckt der Kuchen, wenn Sie ihn mit Boskop-Äpfeln zubereiten.

Erika Bordewick *(Münster)*

Wenn Erika Bordewick verreist – und das tut sie, so oft sie kann –, dann will sie auch etwas mitbekommen von Land und Leuten. Damit sie sich unterwegs verständigen kann, frischt sie seit zweieinhalb Jahren ihre Englischkenntnisse an der Volkshochschule auf.

Der Westen der USA hat es ihr besonders angetan. Fünfmal war sie dort. Meist macht sie zuerst eine Rundreise und anschließend besucht sie Verwandte, die in Redding in Nordkalifornien leben. Ihre Großcousine Margaret kocht und backt gern und weihte sie in so manches Rezept ein.

Im Gegenzug kochte Erika Bordewick dann deutsche Gerichte, die die Gastgeber noch nicht kannten, wie zum Beispiel eine Mitternachtssuppe: „Ich wollte sie für den nächsten Tag zubereiten. Die muss eine Nacht lang ziehen, damit sie richtig schmeckt. Es fehlten aber noch die Zutaten. Als es dann so halb elf abends war, da dachte ich, dass das wohl nichts mehr werden würde mit meiner Suppe. Aber nein: Um elf dann schlug unser Gastgeber vor, jetzt einkaufen zu gehen. Das war neu für mich.“ So wurde die Mitternachtssuppe ihrem Namen gerecht, denn sie wurde tatsächlich um Mitternacht gekocht.

Der Mississippi Mud Cake gehört zu den Lieblingskuchen von Großcousine Margaret, und Erika Bordewick war sofort überzeugt, als sie das erste Mal hineinbiss. Sie schrieb sich das Rezept ab und musste feststellen, dass die Amerikaner mit ganz anderen Maßeinheiten rechnen: Alles war in „cups“ (Tassen), in „teaspoons“ (Teelöffeln) oder in „ounces“ angegeben. Nichts in Gramm. Die cups sind wie Messbecher zu gebrauchen, fand sie in der Küche ihrer Großcousine heraus. Es gibt verschiedene Größen von Plastikbechern (eben jene cups), mit denen die Zutatenmenge abgemessen wird. Erika Bordewick kaufte sich also einen Satz davon und zurück in Deutschland machte sie sich daran, alles in Gramm umzurechnen. Danach war die Backtemperatur dran: Die war in nicht in Grad Celsius, sondern in Fahrenheit angegeben. Aber ihr Experiment klappte, und seitdem hat ihr amerikanischer Import schon viele westfälische Gaumen überzeugt.

Mississippi Mud Cake

einfach

Zutaten

225 g zimmerwarme Margarine
400 g Zucker
4 Eier
220 g Mehl
2 EL Kakao
1/2 Päckchen Backpulver
125–150 ml Milch
100 g Kokosraspel
150 g Walnüsse

Belag:
ca. 150 g dunkle Kuvertüre
& ca. 2 EL Kokosraspel

Die Margarine mit Zucker und Eiern schaumig rühren. Mehl mit Kakao und Backpulver vermischen und portionsweise unter die Margarine-Mischung sieben und unterrühren. Zwischendurch die Milch dazugeben. Danach die Walnüsse grob hacken und zusammen mit den Kokosraspeln unter den Teig ziehen.

Eine gefettete Auflaufform (22 x 30 cm; am besten beschichtet) mit dem Teig füllen, glatt streichen. Den Kuchen bei 160–170° Ober- und Unterhitze im vorgeheizten Ofen ca. 45 Minuten backen. Wenn Sie eine andere Form benutzen, in der der Kuchen höher geschichtet ist, die Backzeit evtl. erhöhen. Mit dem Stricknadeltest können Sie prüfen, ob der Kuchen schon gar ist. Die Stricknadel in die Mitte des Kuchens stechen und wieder herausziehen, wenn Teig kleben bleibt, ist der Kuchen noch nicht fertig.

Nach dem Backen den Kuchen in der Form auskühlen lassen. Danach im Wasserbad die Kuvertüre auflösen und über den Kuchen gießen, mit einem Backpinsel glatt streichen. Sofort anschließend die restlichen Kokosraspel darüber streuen. Fest werden lassen. Wer es kalorienärmer mag: statt mit Kuvertüre nur mit Puderzucker bestreuen. Dazu passt Sahne, die mit einem EL Rum geschlagen wird.

Tipp

Der Teig sollte zäh vom Löffel reißen. Je nachdem wie groß die Eier sind, sollten Sie etwas mehr oder weniger Milch zugeben. Der Kuchen lässt sich sehr gut einfrieren.

Inge Horstmöller *(Münster)*

Es war um 1900, als Inge Horstmöllers Großmutter väterlicherseits in das Wasserschloss Haus Wellbergen in der Nähe von Ochtrup zog. Ein Jahr lang sollte sie beim Baron von Druffel die Küche lernen, wie man damals sagte. Was sie dort lernte, war ihr in späterer Zeit sehr nützlich, denn sie bekam acht Kinder und hatte einen großen Haushalt zu führen.

Ein ganz besonderes Rezept, das sie aus ihrer Ausbildung mitbrachte, hat sich in der Familie bis heute erhalten: die Lagentorte. Inge Horstmöller kennt sie schon aus Kindertagen: „Die gab es immer. Auf allen Festen wurde sie gebacken. Jetzt führe ich die Tradition fort."

Tradition hat auch das Gasthaus, das Inge Horstmöller und ihr Mann Josef in der zweiten Generation als Familienbetrieb führen. „Altes Gasthaus Leve" heißt es; 1607 unter anderem Namen eröffnet, ist es heute das älteste Lokal Münsters. Sohn Josef leitet die Küche und kauft den Wein ein. Sein Vater kauft für die Küche ein und kümmert sich ums Geschäftliche. Inge Horstmöller ist für das Getränkebuffet und die Dekoration zuständig. Letzterem widmet sie sich mit Hingabe – sie liebt Blumen und ihre Kreationen finden viele Bewunderer. Das Gasthaus zu erhalten ist ihr ein Anliegen und gleichzeitig ihr Hobby.

Trotzdem kehrt sie Münster ab und zu den Rücken; dann ist ihr Ziel das Meer. „Ich bin eine echte Wasserratte. Mindestens am Wasser muss ich sein. Am liebsten fahre ich aber auf einem Schiff." Diese Leidenschaft fürs Meer hat sie von der Familie ihres Mannes übernommen: Dessen Großvater war als Passagier auf Schiffen, ihr Mann fuhr eine Zeitlang als Koch zur See und Sohn Josef arbeitete als Steward an Bord.

Die Lagentorte stand dort allerdings nicht auf dem Speiseplan der Gäste. Eine Tante hat Inge Horstmöller vor kurzem darüber aufgeklärt, was es mit dem runden Mittelstück der Torte auf sich hat, dem „Thrönchen". Das soll übrig bleiben beim Kaffeetrinken mit Gästen – es ist für die Hausfrau zum Kaffee am nächsten Tag bestimmt, aus Tradition.

Lagentorte
cremig

ZUTATEN

Für den Teig
500 g Mehl
250 g kalte Butter
125 g feiner Zucker
1 Päckchen Vanillinzucker
2 kalte Eier
1 TL Backpulver (nach Belieben)

Für die Füllung
1 l Milch
2 Päckchen Vanillepuddingpulver
4 EL Zucker
28 g Kokosfett
400 g Butter
1 EL Kakao
4 Tröpfchen Rumaroma
2–3 EL Himbeer- oder Johannisbeergelee

Zuerst die Zutaten für den Mürbeteig miteinander verkneten. Nicht zu lange mit den Händen kneten, damit der Teig nicht warm wird. Dann die Teigrolle in fünf gleiche Stücke zerteilen. Jedes Teigstück ausrollen und übereinander auf Alufolie schichten; jeder Boden sollte vom nächsten durch Folie getrennt sein. Das Ganze für eine halbe Stunde in den Kühlschrank geben. Anschließend die Böden nacheinander bei 180° im vorgeheizten Ofen backen. Je nach gewünschtem Bräunungsgrad zwischen 15 und 20 Minuten. Danach die Böden sofort mit einem Pfannenmesser vorsichtig abheben, wenn sie noch warm sind, der dünne Boden bricht sofort. Dann die Böden gut abkühlen lassen.

Für die Füllung nach Packungsanweisung aus dem Puddingpulver, dem Liter Milch und den 4 EL Zucker einen Vanillepudding kochen. In dem noch heißen Pudding das Stück Kokosfett schmelzen lassen und gut verrühren. Wenn der Pudding genau wie die schaumig geschlagene Butter Zimmertemperatur hat, den Pudding vorsichtig löffelweise zur Butter geben und dabei ständig rühren. Dann die Creme in zwei gleiche Hälften teilen. Die eine Hälfte mit dem Kakao mischen. Die andere mit dem Rumaroma verrühren. Nun die Böden abwechselnd lagenweise mit der hellen oder der dunklen Creme oder dem Gelee bestreichen. Die oberste Schicht sollte dunkel sein. Dann die Seiten der Torte mit heller Creme glätten. Mit einem Weinglas die Mitte markieren und ebenso vier Halbkreise am Rand. Darauf Tupfen aus heller Buttercreme spritzen. Am besten schmeckt die Torte, wenn sie zwei bis drei Tage im Kühlschrank durchziehen kann.

TIPP

Wenn Sie das Kokosfett in dem heißen Pudding aufgelöst haben, stellen Sie ihn zum schnelleren Abkühlen in ein kaltes Wasserbad. Rühren Sie ihn dann ab und zu um, damit sich oben keine Haut bildet.

Lesley Pears *(Münster)*

Wenn Nathalie und Stephanie Geburtstag haben, ist es im Haus der Familie Pears Tradition, dass der „All in one Victoria Sponge Cake" gebacken wird. Ein klassischer Geburtstagskuchen: eine Art Biskuitteig, der schnell zubereitet ist und mit ganz verschiedenen Füllungen serviert werden kann. Die Pears bevorzugen Konfitüre. In Münster hat Familie Pears diese Tradition fortgesetzt, denn der Kuchen ist ein bisschen Heimat in der Fremde. Ehemann Melvin dient bei den „Irish Guards", die zurzeit in Münster stationiert sind.

Und das ist nur eine der vielen Städte, die die Familie bisher kennengelernt hat. Besonders gut gefallen hat ihnen ihr Aufenthalt in Asien – Möbelstücke und viele Accessoires in ihrem Haus in Münster erinnern daran. Seit zwei Jahren lebt Lesley Pears bereits in Münster und ist von der Mischung aus alter Kultur- und Universitätsstadt und den vielen jungen Leute begeistert.

Einziger Wermutstropfen bei ihrem Aufenthalt in Deutschland: Ihre beiden Töchter sind nicht dabei. Die Eltern wollten ihnen das Zigeunerleben bei der Armee mit häufigem Wohnort- und Schulwechsel ersparen. Nathalie und Stephanie besuchen deshalb ein englisches Internat, aber in den Ferien verbringen sie jede Minute mit ihren Eltern.

Genug Zeit für Lesley Pears, ihre Heimat auf Zeit, das Münsterland, zu erkunden und vor allem etwas deutsch zu lernen. In gemeinsamen Kursen mit anderen Familien der Britischen Armee fiel das allen nicht so schwer.

In der deutschen Küche kennt Lesley Pears sich noch nicht so gut aus, aber da sie gerne kocht und backt, existiert bereits das ein oder andere deutsche Lieblingsrezept.

Für Liddy, die Dalmatiner-Hündin, ist die Küche tabu, aber sie kann sich jeden Tag auf eine Jogging-Tour mit Frauchen rund um den Aasee freuen.

„All in one Victorian Sponge Cake“

Englischer Kuchen

klassisch-englisch

Zutaten

Für den Boden
200 g Butter
200 g Zucker
200 g Mehl
4 Eier
2 gestr. TL Backpulver

Für die Füllung
50 g Butter
100 g Puderzucker
ein paar Tropfen Vanille-Essenz
50–100 g Konfitüre, z.B. Erdbeer- oder Kirschkonfitüre

Zucker und Eier auf höchster Stufe mit dem Mixer kurz verquirlen, dann Mehl und Backpulver hinzufügen. Wer eine Küchenmaschine besitzt, kann alle Zutaten direkt zusammen hineingeben und auf höchster Stufe verrühren. So lange mixen, bis eine cremige Masse entsteht. Den Teig in eine kleine Springform geben (Durchmesser ca. 20–22 cm) und bei 180–200 Grad ca. 25–30 Minuten backen. Abkühlen lassen und dann in zwei Hälften teilen. Wer über zwei kleine Backformen verfügt, kann auch zwei Böden getrennt backen. Dazu die Teigmasse teilen und gleichmäßig auf beiden Formen verteilen.

Zubereitung der Füllung:
Butter und Puderzucker plus Vanille-Essenz mit einem Mixer auf höchster Stufe zu einer cremigen Masse verrühren.

Einen gebackenen Boden damit bestreichen. Dann den anderen Boden mit der Konfitüre ungefähr fingerdick garnieren und beide Böden zusammenfügen, so dass die Füllung in der Mitte ist.

Zum Schluss den Kuchen mit Puderzucker bestäuben und mit Konfitüre – je nach Geschmack – garnieren.

Tipp

Engländer lieben süße Kuchen; wer es weniger süß mag, sollte es mit der Hälfte der im Rezept angegebenen Menge probieren. Butter und Puderzucker als Bodenüberzug können auch durch einen anderen, weniger süßen Guss ersetzt werden. Oder einfach ganz weglassen …

Petra Kuhlmann *(Beckum)*

Der 8.7.1995 war ein ganz besonderer Tag im Leben von Petra und Thomas Kuhlmann aus Beckum; seitdem ist nichts so, wie es mal war. Denn seit Jovana, Frederic und Philip in eben dieser Reihenfolge als Drillinge das Licht der Welt erblickten, sorgen sie täglich für jede Menge Abwechslung im Hause Kuhlmann.

Von „null auf dreihundert" hat sich ihr Leben verändert, sagt Petra Kuhlmann und sieht dabei zufrieden und ein bisschen nachdenklich aus. Angefangen bei dem Kleinwagen, der in der Tat zu klein wurde, als die Drillinge samt Babytragetaschen und Kinderwagen hineinpassen sollten, über die Wohnung, die mit dem einen kleinen Kinderzimmer so lange groß genug war, wie die Babys noch alle in einem Bett schlafen konnten ...

Ihre Arbeit bei einer Krankenkasse hat Petra Kuhlmann aufgegeben. Sie erinnert sich noch gut an die Zeit, als anfangs alle drei nachts zugleich aufwachten und gefüttert werden wollten: Teamarbeit für Petra und Thomas Kuhlmann, allein war das einfach nicht zu schaffen. Mittlerweile gehen Jovana, Frederic und Philip in den Kindergarten, aber wenn sie nach Hause kommen, wollen die drei immer noch alles gleichzeitig: Jeder will zuerst erzählen, was am Vormittag los war; Petra Kuhlmann wünscht sich öfter mal mehrere Paar Ohren. Nachmittags fahren die Drillinge am liebsten auf ihren Fahrrädern zum nahe gelegenen Spielplatz und toben sich so richtig aus. Es gibt aber Tage, da ist für sie der schönste Platz in der Küche.

Um nichts in der Welt würden sie es versäumen, eigenhändig ihren erklärten Lieblingskuchen zu backen! Und natürlich muss hier auf gerechte Arbeitsteilung geachtet werden. Wehe, eine/r von ihnen hat den Mixer zu lange in der Hand! Selbst der bekannte Eiweißtest (die Schüssel, in dem das Eiweiß steif geschlagen wurde, einfach kopfüber halten und abwarten, ob etwas passiert) muss dreifach durchgeführt werden. So ist Kuhlmanns Zebrakuchen wahrscheinlich der bestgerührte überhaupt. Aber – so versichert Petra Kuhlmann nachdrücklich – er gelingt auch, wenn er nicht von Drillingen gebacken wird.

Zebrakuchen

raffiniert

ZUTATEN

Für den Teig
5 Eier
250 g Zucker
1 Päckchen Vanillinzucker
1/2 Fläschchen Buttervanille-Aroma
125 ml warmes Wasser
250 ml Öl
375 g Mehl
1 Päckchen Backpulver
2 EL Kakao

Für den Guss
150 g gesiebter Puderzucker
2 EL frisch gepresster Zitronensaft
3–4 EL Wasser

Die fünf Eigelb mit dem Zucker und dem Vanillinzucker schaumig rühren. Dann das Buttervanille-Aroma, das warme Wasser und das Öl unterrühren. Mehl und Backpulver vermischen und löffelweise in die Masse geben. Dann die fünf Eiweiß sehr steif schlagen und vorsichtig unterheben. Den Teig in zwei Hälften teilen und die eine Hälfte mit dem Kakao vermischen. Eine Springform (28 cm Durchmesser) einfetten und dann zuerst zwei Esslöffel des hellen Teiges in die Mitte setzen. Auf die Mitte des hellen Teiges zwei Esslöffel des dunklen Teiges geben (und nicht verteilen oder verstreichen!), darauf wieder zwei Esslöffel des hellen Teiges geben und den Vorgang wiederholen, bis beide Teige verbraucht sind. Den Teig zum Schluss nicht glattstreichen. Den Kuchen bei 180° Ober- und Unterhitze für 50 bis 60 Minuten in den Ofen geben.

Wenn der Kuchen abgekühlt ist, Puderzucker, Zitronensaft und Wasser miteinander verrühren und ihn rundherum mit dem Guss bestreichen (am besten einen Backpinsel dafür benutzen).

Waltraud Kuhlmann *(Oelde-Lette)*

Im Haus von Waltraud Kuhlmann ist ein Zimmer, das voll von Kisten mit Büchern ist. Rot-, blau- und grünkariert sehen die Bände aus. „Rezepte aus dem Münsterland" lautet ihr offizieller Titel, aber inoffiziell heißen sie überall „Die Kochbücher der Letter Landfrauen".

Waltraud Kuhlmann ist seit acht Jahren im Vorstand der Letter Landfrauen und verschickt die Bücher. Die Besteller sind über ganz Deutschland verteilt, und die Letter Landfrauen sind längst über die Grenzen des Münsterlandes hinaus bekannt.

Ihr erstes, rotkariertes, Kochbuch brachten sie 1984 heraus – es fand reißenden Absatz. Darauf folgte zehn Jahre später das blaukarierte und 1999 das grünkarierte Buch. Die Rezepte sind von den Landfrauen zusammengetragen worden. Und man findet dabei nicht nur traditionell Münsterländisches. „Leber Istanbul", „Beduinenobst" oder „Russischer Hackfleischtopf" zeugen vom Blick über den heimischen Tellerrand.

Den beweisen die Frauen nicht nur mit ihren Rezepten, sondern auch mit den Aktionen, die sie mit dem Erlös ihrer Bücher bisher unterstützt haben: Brunnenbau in Äthiopien, die Landfrauenprojekte in der Dominikanischen Republik und in Lesotho ... Aber nicht nur Projekte in der Ferne profitieren von ihrem Engagement. Der Bau des Heimathauses „Letter Deele" wurde von ihnen mitfinanziert, ebenso der Bau von Behindertenwohnheimen in Beckum und Herzebrock.

Die Letter Landfrauen sind stolz darauf, dass sie Liz Mohn für ihre Stiftung Deutsche Schlaganfallhilfe oder Hannelore Kohl für ihre ZNS-Stiftung Schecks über jeweils 50.000,– DM überreichen konnten. Und das alles dank der „Rezepte aus dem Münsterland". 1,3 Millionen Mark haben die Letter Landfrauen im Laufe der Jahre gespendet; 600.000 Exemplare haben sie insgesamt schon verkauft. Es können aber ruhig noch ein paar mehr werden, findet Waltraud Kuhlmann; schließlich gibt es noch jede Menge gute Projekte zu unterstützen.

Eierlikör-Birnentorte

festlich

ZUTATEN

Für den Teig
- 100 g Margarine oder Butter
- 60 g Zucker
- 100 g Mehl
- 1 TL Backpulver
- 100 g Mandelblätter

Für den Belag
- 2 Dosen Birnen (à 850 ml)
- 1/2 l Birnensaft
- 1/2 l Wein
- 1 Päckchen Vanillepudding
- 2 Becher Sahne (à 250 ml)
- 1 Päckchen Sahnesteif
- 1 EL Zucker
- 0,1 l zähflüssiger Eierlikör

Aus den Zutaten für den Teig mit den Händen einen leicht krümeligen Mürbeteig kneten. Ein Backblech mit Backpapier auslegen, direkt darauf einen Springformring (26er Durchmesser) setzen. Das Backpapier rund um die Springform etwas zusammen knüllen, so dass die Form nicht verrutschen kann. Dann den Teig in die Form füllen und leicht festdrücken. Im nicht vorgeheizten Ofen bei 160° C ca. 20 Min. mit Ober- und Unterhitze backen. Anschließend auf ein Gitter zum Auskühlen geben.

Für den Belag die Birnen abtropfen lassen, dabei den Saft auffangen. Birnensaft mit dem Wein vermischen, 2/3 der Flüssigkeit in einen Topf geben und erhitzen. Das restliche Drittel mit dem Puddingpulver mischen. Wenn die Flüssigkeit auf dem Herd kocht, das Gemisch einrühren, kurz aufkochen lassen und von der Platte nehmen. Die abgetropften Birnen auf dem ausgekühlten Boden verteilen. (Am besten den Boden vorher in einen Springformrand setzen.) Dann die noch heiße Creme darüber geben und abkühlen lassen.

Die Sahne steif schlagen und kurz vor Schluss Sahnesteif und Zucker dazugeben. Den Springformrand abnehmen und die Hälfte der Sahne auf die abgekühlte Torte streichen. Mit der anderen Hälfte einen Rand spritzen. Dahinein den Eierlikör gießen und vorsichtig gleichmäßig verteilen.

TIPP

Den Boden können Sie am Vortag zubereiten, aber den Belag sollten Sie erst am Tag des Verzehrs darauf geben.

Klärchen Scheidgen *(Greven)*

Mit ihren 70 Jahren gehört Klärchen Scheidgen noch nicht zum alten Eisen. Omas Hilfe wird noch an allen Ecken und Enden benötigt, nicht nur bei den kleinen Alltagssorgen und Nöten der Enkelkinder, die gleich nebenan wohnen. Die Pfarrgemeinde und besonders die regionale Gruppe der Katholischen Frauen Deutschlands zählen auf die rüstige Rentnerin. Sie plant die Ausflüge und organisiert die Karnevalsfeier, das Sommerfest und nicht zu vergessen: Ihr Humor sorgt für gute Stimmung unterwegs, wenn sie mit den Frauen auf Reisen geht.

Ehrenamtliche Arbeit in der Gemeinde ist für Klärchen Scheidgen selbstverständlich; ohne ihr Engagement würde in der Pfarrgemeinde die gute Seele etwas fehlen, zumal sie seit Jahren die Kasse im Dekanatsteam gewissenhaft verwaltet.

Gemeindearbeit, Haushalt und Gartenarbeit hat Klärchen Scheidgen zusammen mit ihrem Mann fest im Griff. Sie kocht sogar noch selber ein. Ihr ganzer Stolz sind die Alten Obstsorten vor der eigenen Haustür. Direkt im Hof steht ein alter Birnbaum, die „Gräfin von Paris", eine Winterbirne. Ihre Besonderheit: Gepflückt wird nach dem ersten Frost und anschließend lagert Klärchen Scheidgen alle Früchte vorsichtig im Keller ein. In der Adventszeit schmecken sie dann erst so richtig lecker.

Der „Versunkene Birnenkuchen" schmeckt am besten mit Williams Christbirnen – mit oder ohne Schwips und eingekocht.

Versunkener Birnenkuchen rustikal

Zutaten

1 kg Birnen, z. B. Williams Christbirnen (eingekocht oder aus der Konserve)
125 g Butter oder Margarine
100 g Zucker
2 EL Vanillezucker
1 EL Cognac
abgeriebene Schale einer halben Zitrone
3 Eigelb
60 g Mehl
60 g Zwiebackbrösel
100 g geschälte Mandeln
1–2 TL Backpulver
3 Eiweiß

Zutaten für die Dekoration
2 EL Zucker
1/2 TL Zimt
2 EL Aprikosenmarmelade
Sahne, Schokoladenblätter

Butter, Zucker, Cognac und Zitronenschale so lange schlagen, bis eine dicke Creme entsteht.

Eigelb nach und nach unterrühren. Mehl, Zwiebackbrösel, Mandeln und Backpulver vermischen und esslöffelweise ebenfalls dazugeben. Zum Schluss das steifgeschlagene Eiweiß unterziehen. Den Teig in eine gefettete Springform geben (Durchmesser 26 cm). Die Birnen gut abgetropft mit der Schnitthälfte nach unten hineinsetzen. Zimt und Zucker vermischen und den Kuchen damit gleichmäßig bestreuen.

Bei 180 bis 200 Grad 55 bis 60 Minuten auf unterer Schiene im Umluftherd backen, bei normalen Herden dauert es etwas länger. Den noch heißen Kuchen mit der kurz erwärmten und glatt gerührten Aprikosenmarmelade bestreichen. Dadurch erhält der Kuchen seinen Glanz.

Nach Belieben den ausgekühlten fertigen Kuchen mit Sahnerosetten und Schokoladenblättern verzieren.

Tipp

Für Geschmacksabwechslung sorgen verschiedene Nussmischungen. Probieren Sie verschiedene Nusssorten oder einen Mandelmix aus.

Margarete Tepe *(Telgte)*

An jedem dritten Samstag im Monat krempelt Margarete Tepe aus Telgte die Ärmel hoch, verrückt Tische und Stühle und backt Kuchen. Die Gäste, die sie am Sonntag zum Kaffee erwartet, sind zahlreich: so um die 70 Senioren sind es jedesmal. Kommen kann, wer will, ohne Anmeldung und ganz zwanglos. Zusammen mit anderen ehrenamtlichen Helferinnen organisiert sie den Seniorentreff im DRK-Haus in Telgte. Gegen 14.30 Uhr treffen die Gäste ein und amüsieren sich bei Kaffee, Kuchen und Gesellschaftsspielen. Die Vorlieben sind unterschiedlich: Ein paar kleinere Gruppen ziehen sich zum Kartenspielen in den Nebenraum zurück, mit dem Rest spielt Margarete Tepe Bingo. Wichtig ist ihr, dass immer genug Pausen bleiben, um miteinander zu reden, denn dafür ist dieser Nachmittag schließlich da – um rauszukommen und Menschen zu treffen, Kontakte zu pflegen. Seit elf Jahren engagiert sie sich in ihrer Freizeit beim Roten Kreuz. Durch einen Unglücksfall in ihrer Familie wurde ihr bewusst, wie wichtig Anteilnahme und Unterstützung sind. Die Nachmittage mit den älteren Menschen sind nur ein Teil ihrer ehrenamtlichen Arbeit als Leiterin des Arbeitskreises Soziales. Aber einer, der ihr besonderen Spaß macht – vor allem, wenn sie am Ende so eines Sonntagnachmittags in die zufriedenen und glücklichen Gesichter der Besucher schaut.

Schokolade-Birnen-Kuppeltorte

aufwendig-raffiniert

Zutaten

Für den Teig

- 4 Eier
- 4 EL heißes Wasser
- 175 g Zucker
- 1 Päckchen Vanillinzucker
- 200 g Weizenmehl
- 10 g Kakaopulver
- 1/2 TL Backpulver

Für die Füllung

- 1 Dose Birnen (abgetropft 460 g)
- 5 Blatt weiße Gelatine
- 1/8 l Milch
- 150 g Halbbitterschokolade
- 500 ml Schlagsahne
- 2 EL Aprikosenkonfitüre

Für den Belag

- 500 ml Schlagsahne
- 2 Päckchen Sahnesteif
- 3 EL kakaohaltiges Getränkepulver

Tipp

Statt die Torte mit dem kakaohaltigen Getränkepulver zu bestäuben, können Sie auch Zartbitter- oder Vollmilchschokolade darüber raspeln.

Für den Biskuitteig die ganzen Eier mit dem heißen Wasser eine Minute aufschlagen, dann Zucker und Vanillinzucker einrieseln lassen und noch zwei weitere Minuten schlagen. Mehl, Backpulver und Kakao vermischen, durch ein Sieb über die Eimasse geben und vorsichtig kurz unterrühren. Eine Springform (26 cm Durchmesser) mit Backpapier auslegen und den Teig darauf geben. Bei 180° Ober- und Unterhitze 25 Minuten backen.

Wenn er ausgekühlt ist, den Biskuitboden teilen. Den unteren Teil des Bodens vorsichtig in eine mit Frischhaltefolie ausgelegte Glasschüssel (26 cm Durchmesser) legen, an den Seiten leicht nach unten drücken (nicht in der Mitte drücken, sonst bricht der Boden). Für die Füllung die Blattgelatine einweichen und die Halbbitterschokolade in der Milch auflösen. Wenn die Schokolade aufgelöst ist, die ausgedrückte Gelatine einrühren (nicht kochen). Während die Schokocreme abkühlt, die Sahne mit Sahnesteif steif schlagen. Sobald die Creme abgekühlt ist und zu gelieren beginnt, mit der geschlagenen Sahne mischen und zwei Drittel dieser Schokosahne auf den Boden in der Glasschüssel geben.

Die abgetropften Birnenhälften leicht in die Creme drücken und den Rest der Creme darübergeben. Die Innenseite der zweiten Biskuitbodenhälfte mit Aprikosenkonfitüre bestreichen und – wenn nötig – etwas vom Rand des Bodens abschneiden, damit er in die Glasschüssel passt. Den Boden mit der Seite, die mit Konfitüre bestrichen ist, auf die Creme legen. Die Torte für mindestens vier Stunden in den Kühlschrank stellen.

Für den Belag die restliche Sahne steif schlagen, einen Esslöffel des kakaohaltigen Getränkepulvers unterziehen und die gestürzte Kuppeltorte damit bestreichen. Mit dem restlichen Kakaogetränkepulver bestäuben und servieren.

Maria Dillmann *(Nordwalde)*

Aus dem Münsterland frisch auf den Tisch – unter diesem Motto bot Maria Dillmann jahrelang ihre Produkte vom eigenen Hof auf Wochenmärkten an. Doch das wöchentliche Zigeunerleben, von Markt zu Markt tingelnd, war sehr zeitaufwendig und zu Hause blieb viel liegen, denn für Schweinezucht und Mastbetrieb wird jede Kraft benötigt. Vor einigen Jahren fiel daher die Entscheidung, die Produkte zu Hause anzubieten und das gleich mundgerecht. Für die gelernte Hauswirtschaftsmeisterin kein Problem, denn Kochen und Backen hat sie von der Pike auf gelernt. Alte Hofgebäude wurden umgebaut und liebevoll eingerichtet. Die Arbeitsverteilung ist klar: Der Juniorchef der Familie kümmert sich um den landwirtschaftlichen Betrieb und Maria Dillmann und ihr Mann Bernhard um das Café.

Um Gäste aufs Land zu locken, lassen sich die Dillmanns immer wieder etwas Neues einfallen, und das funktioniert am besten im Team. Die Bauernhofcafés in Westfalen-Lippe treffen sich regelmäßig, um neue Marketingstrategien zu entwickeln, und dazu gehören natürlich Gaumengenüsse, die es nicht im Supermarkt gibt, z. B. „Himmel und Erde“, diesmal auf Westfälisch als Kartoffelkuchen mit Apfelstückchen.

Süß oder pikant war die Kartoffel früher, als Nudeln noch rar waren, ein Tausendsassa in der Küche. Der hohe Stärkegehalt der Kartoffel macht sie zur idealen Backzutat, die den Teig fest werden lässt. Die Kartoffelaktion der Bauernhofcafés traf beim Verein für Regionale Landwirtschaft im Münsterland genau ins Schwarze. Seit Ende der 90er Jahre bieten sie die „Münsterland-Knolle“ an, eine besondere Kartoffelsorte, die möglichst umweltschonend angebaut wird. Und noch einen Vorteil hat die Kartoffeltorte: Maria Dillmann kann sie sehr gut vorbereiten, und das ist zu Stoßzeiten, wenn Radler, Wanderer und eine Ausflugsgesellschaft gleichzeitig einkehren, ein großer Vorteil.

Kartoffeltorte

ausgefallen

Zutaten

500 g Kartoffeln
50 g Korinthen oder Rosinen
50 g gehackte Mandeln
Saft einer Zitrone
6 Eier
300 g Zucker
3–4 EL Butter
6–8 Äpfel (sie dürfen nicht zu Mus kochen)
1/2 l Apfelsaft
1 Päckchen Vanillepuddingpulver
1/2 l Sahne, eventuell 1 Päckchen Sahnesteif
2–3 EL Paniermehl

Tipp

Die Kartoffeln am besten als Pellkartoffeln zubereiten und dann durch die Quetsche drücken. Es klappt aber auch mit den Salzkartoffelresten vom Vortag.

Die Kartoffeln schälen, ohne Salz kochen, abkühlen lassen. 200 g in kleine Stücke schneiden, 300 g stampfen oder durch die Kartoffelquetsche drücken.

6 Eigelb mit 250 g Zucker zu einer schaumigen Masse verrühren. 6 Eiweiß steif schlagen und unter den Eischaum geben. Korinthen, Mandeln und Zitronensaft hinzugeben.

Zwei Drittel dieser Masse mit den gestampften Kartoffeln verrühren. Ein Drittel der Masse mit den in Stücke geschnittenen Kartoffeln vermischen.

Zwei Springformen (Durchmesser 26 cm) einfetten und mit Paniermehl bestreuen. Die beiden Formen mit den unterschiedlichen Teigmassen füllen und abbacken: bei 175 Grad ca. 40 Minuten (Umluft-Herd, normaler Herd ca. 50 Minuten bei 180–200 Grad).

In der Zwischenzeit den Apfelpudding herstellen: Dazu den Apfelsaft mit dem Puddingpulver plus 2 EL Zucker kalt vermischen, kurz aufkochen lassen und dann kalt stellen.

Äpfel schälen, in Stückchen schneiden und dünsten. Die Böden aus dem Backofen nehmen und ebenfalls auskühlen lassen. Den dünnen Boden zerkrümeln und in der Pfanne mit 2 EL Butter anrösten.

Dann geht es an das Schichten: Um den dicken Boden einen Tortenring legen (Pappe oder Edelstahl). Apfelstücke vorsichtig unter den Apfelpudding heben und auf dem Boden verteilen. Darauf die steif geschlagene Sahne verteilen und mit den angerösteten Bröseln verzieren.

Zum Schluss ein paar Sahnekleckse zur Verzierung darauf geben. Den Tortenring entfernen und dann noch den Rand dünn mit Sahne bestreichen.

Martin Dahlmann *(Münster)*

Weltweit gibt es über 1000 Kürbissorten, mindestens 50 von ihnen finden die Besucher jedes Jahr auf dem Kürbisfest von Martin Dahlmann. Egal ob „Dicker-Gelber Zentner" oder Zierkürbisse, Martin Dahlmann baut jede Menge dieser rankenden Gemüsepflanze selbst an. Ab Ende August verwandelt sich dann die komplette Gärtnerei in ein Kürbis-Allerlei.

Anke Dahlmann, gelernte Floristin, hat ein Händchen dafür, Kürbisse in den passenden Topf oder Korb zu setzen. Und nicht nur das. Als die Junioren 1988 den Gartenbaubetrieb von den Eltern übernahmen, setzten sie neue Akzente. Sie krempelten den klassischen Gemüsebaubetrieb total um. Größere Gewächshäuser und neu gestaltete Verkaufsflächen, nicht nur mit Schnittblumen und Topfpflanzen, sondern mit vielen Wohnaccessoires locken heute Kunden aus ganz Münster an. Das Zauberwort heißt Trendfloristik, die sich auch nicht davor scheut, Kürbisse mit Schnittblumen zu arrangieren.

Das Kürbisfest im September ist für Martin Dahlmann eine willkommene Gelegenheit, seinen Gästen auch lukullische Genüsse zu präsentieren. Schließlich ist Backen Martin Dahlmanns Hobby, für das bei einem 14-Stunden-Tag in der Gärtnerei aber kaum Zeit bleibt. Schließlich wollen Kundenwünsche erfüllt werden und lange Öffnungszeiten am Abend sind besonders im Frühjahr selbstverständlich.

Der Renner im Herbst ist die Schüleraktion: Wer schnitzt die gruseligste Halloween-Maske aus Kürbis? Martin Dahlmann ließ es sich nicht entgehen, das Gruselkabinett direkt neben dem Kürbisfeld auszustellen. Gleich daneben lockte die Kürbissuppe zum Probieren und das Kürbiskuchenrezept.

Kürbiskuchen *ausgefallen*

Zutaten

Für den Mürbeteig
200 g Mehl
3–4 EL Zucker
100 g Margarine
1 Ei
1 EL Sauerrahm
Prise Salz

Für die Füllung
2 Eier
100 g brauner Zucker oder Rohrzucker
1 Zitrone (abgeriebene Schale und Saft verwenden)
1/2 – 1 TL Zimt
2 EL Sauerrahm
750 g Kürbis, entsteint, in Stücke geschnitten, geraspelt (Tipp: eine gelbfleischige Sorte mit festem Fruchtfleisch eignet sich am besten)
150 bis 200 g gemahlene Mandeln
2–3 EL gestiftete Mandeln
Puderzucker nach Geschmack

Für den Mürbeteig
Mehl, Zucker und Salz in eine Rührschüssel geben und Margarine in kleinen Stückchen dazugeben. So lange umrühren, bis die Teigmasse krümelig ist. Dann Ei und Sauerrahm zusammen verrühren und hinzugeben. Zum Abschluss kurz mit der Hand durchkneten und für eine halbe bis eine Stunde kühl stellen.

Für die Füllung
Eier, Zucker, Zitronenschale, Zimt und Rahm in eine Schüssel geben und verrühren. Die geraspelten Kürbisschnitze dazugeben und vorsichtig zusammen mit dem Zitronensaft unterrühren.

Die gefettete Springform (24–26 cm) mit dem ausgerollten Mürbeteig auslegen und kurz einstechen. Die gemahlenen Mandeln auf dem Boden verteilen und dann die Füllung darauf geben. Zum Schluss Mandelstifte darüber streuen.

Der Kuchen wird 50 Minuten auf der untersten Schiene des Backofens bei 220 Grad gebacken (Umluft nur ca. 180 bis 200 Grad). Nach dem Auskühlen mit Puderzucker bestäuben.

Tipp

Ein Tipp, damit es garantiert gelingt: Stets mit einem scharfen Messer arbeiten, den Kürbis in Viertel aufteilen und den Teigboden mit Mandeln belegen. So weicht der Kuchen nicht durch.

Lies Großerhode *(Stromberg)*

Lies Großerhode strickt. Seit 13 Jahren und mit Begeisterung. Schals, Mützen, Wollhöschen für die Kleinen und Socken, jede Menge Socken in allen Größen, Farben und Stärken.

Angefangen hat das Ganze damals, als ihre Töchter für sich und ihre Freunde mit Hingabe Pullover strickten. Ihr Mann kam auf die Idee ihnen eine Strickmaschine zu kaufen, weil sie es dann einfacher hätten. Da stand sie dann, die Maschine, und Lies Großerhode machte einen Bogen darum. Sie kümmerte sich lieber um ihren Garten und die Pflaumenernte und was es sonst alles noch zu erledigen gab auf ihrem Hof in Stromberg – mit dem Stricken und der Neuerwerbung hatte sie rein gar nichts im Sinn.

Bis zu dem Tag, als ein Schwiegersohn allein einen kleinen Socken auf der Maschine gestrickt hatte. Da packte sie der Ehrgeiz und sie stellte fest, dass ihre Socken ganz gut gelangen, das nächste Paar sah noch besser aus und sie kam immer schneller voran. „Plötzlich wollten alle meine Socken", sagt sie und sieht aus, als würde sie sich jetzt noch darüber wundern.

Die Nachfrage scheint sich jedenfalls noch nicht verringert zu haben. Ihr ständiger fertiger Sockenvorrat ist enorm, das gleiche gilt für ihre Wollbestände. Bis unter die Decke stapeln sich die Wollknäuel dicht an dicht im Regal in ihrem kleinen Nähzimmer. Eine Stunde dauert es, bis sie ein Paar Socken fertig hat – inklusive Fäden vernähen. Sie verkauft ihre Strickwerke seit einigen Jahren auf Basaren, so gehen und stehen mittlerweile viele Bewohner des Münsterlandes und des angrenzenden Ostwestfalen in Lies Großerhodes Socken.

Wenn es neben dem Stricken und ihrer Gartenarbeit noch etwas gibt, womit sie gerne möglichst viel Zeit verbringt, ist es das Backen. Und auch hier ist die Nachfrage groß. Taufen, Hochzeiten und Geburtstage wollen mit wohlschmeckenden und sorgfältig verzierten Torten und Kuchen bestückt sein, und die gibt man gern bei ihr in Auftrag. Eins ihrer besonders gefragten Rezepte ist die Krokanttorte mit Preiselbeeren und Bananen.

mit Preiselbeeren und Bananen

Krokanttorte knackig

Zutaten

Zutaten für den Teig
100 g kalte Butter
100 g Zucker
100 g gehackte Mandeln
100 g Mehl
1 gestr. TL Backpulver

Zutaten für die Füllung
300 ml Sahne (30 % Fettgehalt)
1 Päckchen Vanillinzucker
4–5 Bananen
1 Glas Preiselbeeren (400 g)

Die Butter mit Zucker, Mehl, Backpulver und Mandeln miteinander vermischen, so dass ein krümeliger Knetteig entsteht. Ein Achtel des Teiges auf das Bodenblech einer Springform krümeln. Den restlichen Teig in eine gefettete Springform (26 cm Durchmesser) geben und mit bemehlten Händen andrücken. Den Teig im vorgeheizten Ofen bei 200° ca. 15 Minuten backen. Er soll eine schöne goldgelbe Farbe haben.

Danach die Krümel für den Krokant im Ofen bei gleicher Temperatur ca. 7 Min. backen. Aufpassen, dass sie nicht zu dunkel werden, denn sie schmecken dann schnell verbrannt. Beides auskühlen lassen.

Dann die Sahne mit dem Vanillinzucker steif schlagen. Zuerst auf den Mandelboden eine dünne Schicht Preiselbeeren auftragen. Dann die Bananen schälen und längs halbieren. Auf dem Boden anordnen, so dass der größte Teil des Bodens davon bedeckt ist. Anschließend mit den restlichen Preiselbeeren bedecken. Mit der Spritztülle die Sahne darüber geben. Dabei zuerst die noch freiliegenden Außenränder der Bananen bedecken, damit sie sich nicht verfärben. Dann den Rest verzieren. Die Krokantkrümel darüber streuen.

Tipp

Wenn Sie die Sahne mit dem relativ hohen Fettgehalt von 30 % nehmen, müssen Sie nicht zusätzlich Sahnesteif dazugeben, sie behält ihre Festigkeit nach dem Schlagen von allein. Schütteln Sie die Sahne vor dem Öffnen nicht durch, sondern gießen Sie nur die oberen zwei Drittel der Sahne, in denen sich das Fett abgesetzt hat, in die Rührschüssel. Benutzen Sie den dünnen Rest als Kaffeesahne. Wichtig vor allem im Sommer: Kühlen Sie vor dem Schlagen nicht nur die Sahne, sondern auch die Rührschüssel.

Ursula Schlochtermeyer *(Lotte)*

Ursula Schlochtermeyer ist gerne zuhause. Sie fühlt sich wohl in ihrem gemütlichen umgebauten Kotten und im Sommer ist sie kaum von ihrer Gartenarbeit abzuhalten. Zwei, die ihr dabei immer Gesellschaft leisten, sind ihr Kater Cäsar und ihre Hündin Paula. Während Frauchen in den Beeten werkelt, machen die beiden es sich auf der Terrasse bequem, wo sie sie im Auge behalten können.

Wenn ihre beiden Enkelinnen Sinja und Wencke sie besuchen kommen, dann hat es mit der Beschaulichkeit ein Ende. Die beiden sind vier und sechs Jahre alt und sehr lebendig. Natürlich backen sie dann zusammen und für Sinja und Wencke fällt immer eine Extraportion Teig ab. „Irgendwie können die zwei das gut vertragen. Sie mögen sogar den rohen Hefeteig von meinem Pflaumenkuchen, und ich habe noch nie irgendwelche Klagen gehört."

Aber so sehr Ursula Schlochtermeyer ihr Zuhause, die Enkelinnen und ihre regelmäßigen Bridgepartien auch liebt – von Zeit zu Zeit packt sie das Fernweh, und zwar ziemlich unvorhersehbar. Ein halbes Jahr vorher eine Reise zu planen, das ist nichts für sie. Sie verreist lieber spontan. Bei ihrem letzten Anfall von Reiselust im Februar teilte sie ihrer Familie mit, dass sie sich für eine Studienreise in den Jemen im März angemeldet hätte. „Sie haben mich für verrückt erklärt", sagt sie. Aber gemacht hat sie die Reise trotzdem, und bereut hat sie es nicht. Am beeindruckendsten war für sie eine Übernachtung im Zelt in der Wüste. „Das war ein Sternenhimmel, wie ich ihn noch nie gesehen habe." Obwohl der Tag im Jeep anstrengend gewesen war, hielt es sie um vier Uhr morgens nicht mehr in ihrem Zelt, sie musste noch einmal einen Blick nach oben werfen. Der Vollmond war nicht mehr zu sehen und die Nacht wurde nur durch das Sternenlicht erleuchtet. Es fiel ihr schwer, sich loszureißen und wieder in ihren Schlafsack zu kriechen, um fit für den nächsten Tag und die Schotterpisten der Wüste zu sein.

Ihre nächste Reise führt sie in die Bretagne, dort gibt es zwar keinen Himmel über der Wüste, aber dafür leckere Meeresfrüchte.

Pflaumenkuchen vom Blech

klassisch

Zutaten

Für den Teig
1/2 Würfel Hefe
2 TL Mehl
2 TL Zucker
1/8 l Milch
50 g Zucker
300 g Mehl
1 Prise Salz
75 g Butter
1 Ei

Für den Belag
2,5 kg Pflaumen oder Zwetschgen
etwas Butter zum Einfetten für das Blech und für die Butterflöckchen
ca. 20 g blättrige Mandeln
Zucker zum Bestreuen (nach Geschmack)

Zuerst aus Hefe, den je zwei Teelöffeln Mehl und Zucker und der Hälfte der Milch einen Vorteig mischen. Die Zutaten sollten Zimmertemperatur haben. Diesen Vorteig ca. 15–20 Min. im Backofen bei 30–40° C gehen lassen.

Währenddessen die Pflaumen oder Zwetschgen entsteinen. Anschließend den Vorteig mit den restlichen Teigzutaten vermischen. Diese Zutaten sollten ebenfalls Zimmertemperatur haben. Ein Backblech mit Butter ausstreichen und den Teig darauf drücken. Die Pflaumen mit der geöffneten Seite nach oben dicht darauf anordnen. Das Ganze mit den blättrigen Mandeln und den Butterflöckchen bestreuen und wieder für 30–40 Minuten im Backofen bei 30–40° C gehen lassen. Dann direkt die Temperatur auf 170–180° C Ober- und Unterhitze einstellen und ca. 30 Minuten backen. Nach dem Backen mit Zucker nach Geschmack bestreuen und mit gekühlter Schlagsahne servieren.

Tipp

Sie können den Kuchen gut einfrieren. Zum Auftauen schieben Sie ihn bei 180° für ca. 20 Minuten in den Ofen – dann schmeckt er wie frisch gebacken.

Ingeborg Böttcher / Bärbel Uphoff *(Münster)*

Muffins für den Zoo im Zoo gebacken – das WDR-Kuchenbuffet machte es möglich. Selbst für altgediente Zoomitarbeiter wie Ingeborg Böttcher und Bärbel Uphoff war die Zubereitung der Muffins im Elefantenhaus des münsterschen Zoos eine Premiere. Candlelight-Dinner mit Elefanten – das hat in Münster bereits Tradition, aber eine Bäckerei vor dem Dickhäutergehege war etwas Außergewöhnliches, genauso wie das Rezept, eine Eigenkreation der Mitarbeiter, die das original amerikanische Rezept der kleinen süßen Kuchen abwandelten. Das Besondere der Zoo-Muffins: Bananen, die alle Zoobesucher und -bewohner mögen, egal ob Zwei- oder Vierbeiner. Die Elefanten durften als erste kosten. Für sie war es kein Problem, gleich mehrere auf einmal zu probieren, als kleine Appetithäppchen zwischendurch. Den Affen erlaubte ihre Tierpflegerin Bärbel Uphoff nur kleine Mengen. Eine Banane am Tag muss reichen. Menschenaffen haben nämlich die gleichen Gewichtsprobleme wie viele Zeitgenossen, wenn zu viele Kalorien auf den Tisch kommen. Es gibt sogar Affenarten, die keine Bananen mögen. Bärbel Uphoff kennt ihre Lieblinge da ganz genau. Und passt auf.

Zusammen mit Ingeborg Böttcher gehört sie seit Jahren zum Stammpersonal des Zoos und arbeitet seit letztem Jahr als Revierleiterin für das neue Affenhaus der Orang-Utan-Familie. Ingeborg Böttcher agiert hinter den Kulissen, am Schreibtisch in der Buchhaltung. Ohne sie würde keine Futterrechnung bezahlt. Nach Feierabend wird bei beiden nur ab und zu gebacken, denn Bärbel Uphoffs Hobby ist das Tauchen. Sie mag das Wettschwimmen mit den Fischen, mit denen sie im Zoo nichts zu tun hat. Ingeborg Böttcher kommt aber nicht umhin, auch nach Feierabend den Zoo zu besuchen. Ihre Enkelin besteht darauf. Die Kleine geht aber lieber in den „Tiere-Zoo“ und nicht in „Omas Büro-Zoo“.

Zoo-Muffins

kinderleicht

Zutaten

für ca. 12 Muffins
140 g Mehl
80 g Weizenkleie
1/2 TL Salz
60 g Cashewkerne oder Pecannüsse, fein gehackt
1 1/2 TL Backpulver
130 g Butter
1 großes Ei
100 g brauner Zucker
250 g reife Bananen (ohne Schale gewogen, ca. 2–3 Stück)
1 Vanilleschote

Außerdem:
Butter und Mehl zum Ausfetten der Förmchen
Muffinförmchen (Es gibt fertige Formen mit zwölf eingestanzten Mulden. Wer keine Muffinform besitzt, kann auch auf kleine Papierförmchen aus Backpapier zurückgreifen.)

Zuerst die Nüsse fein hacken. In einer Schüssel das Mehl, die Kleie und Backpulver mischen. Salz und die fein gehackten Nüsse gut mischen.

In einer anderen Schüssel die Butter schaumig rühren, das Ei und den Zucker dazugeben und alles schaumig schlagen.

Die Bananen mit einer Gabel zerdrücken. Die Vanilleschote längs halbieren, das Mark herauskratzen und beides zu der Rührteigmasse geben. Die Mehlmischung nach und nach darunter rühren.

Die Muffinförmchen mit Butter ausstreichen, mit Mehl bestäuben und zu drei Viertel mit der Masse füllen. In den auf 200 Grad (Umluft ca. 150 Grad) vorgeheizten Ofen schieben und 15 bis 20 Minuten backen.

Aus dem Ofen nehmen. Die Muffins 5 Minuten abkühlen lassen, aus den Förmchen lösen und auf einem Kuchengitter vollständig auskühlen lassen.

Tipp

Wer keine Bananen mag, kann sie auch durch andere Früchte, z. B. Trockenfrüchte, ersetzen oder einfach ganz weglassen.

Agnes Temminghoff *(Vreden)*

Agnes Temminghoff hat es nicht immer ganz leicht, den Kuchengeschmack ihrer Familie zu treffen. Eine Torte mit Sahne sollte es schon sein, wenn sie backt, aber welche Geschmacksrichtung, darüber haben Ehemann, Sohn und zwei Töchter so ihre eigenen Vorstellungen ... Agnes Temminghoff besitzt aber eine umfangreiche Rezeptdatei und die ist groß. Bisher waren immer alle zufrieden. Ihr persönlicher Kuchenfavorit sind Baisertorten wie Stachelbeer- oder Rhabarberbaiser. Die Koch- und Backrezeptsammlung ist das Resultat der zahlreichen Koch- und Backkurse, die Agnes Temminghoff seit vielen Jahren im Kreis Borken anbietet. Landfrauenverband, Volkshochschule oder Familienbildungsstätte: Überall ist Agnes Temminghoff als Kursleiterin aktiv. Wenn es auf Anhieb an einem Kursabend klappen und schmecken soll, dann muss jedes Rezept stimmen. Eine gute Vorbereitung, Einkaufsplanung und die richtige Mischung garantieren den Kurserfolg.

Die Renner aus den letzten Jahren waren Brotbackkurse und regionales Gemüse der Saison.

Für Agnes Temminghoff kein Problem, die gelernte Hauswirtschaftsmeisterin weiß, wie es funktioniert, und neben neuen Gaumengenüssen versucht sie auch ganz praktische Küchentipps an den Mann respektive die Frau zu bringen. Zu Hause profitiert sie ebenfalls davon, denn am Mittagstisch sitzen oft sechs bis acht Personen. Agnes Temminghoff hilft auf dem Hof nur mit, wenn Not am Mann ist, denn viel Zeit bleibt nicht. Ihre Domäne ist der große Bauerngarten mit vielen Stauden. Mitten in der Wiese liegt ein großes Kräuterbeet; ihr System: eine wendeltreppenförmige Anordnung auf einem Steinhügel. Neben dem Engagement in der Erwachsenenbildung ist Agnes Temminghoff auch in der Landfrauenarbeit sehr aktiv. Wie Frau das alles schafft, ist für die Landfrauenvorsitzende nur eine Frage der Organisation.

Friesische Pflaumentorte

raffiniert

Zutaten

Für die Böden
250 g Mehl
1 Msp. Backpulver
2 Päckchen Vanillinzucker
150 g Crème fraîche
175 g Margarine

Für die Streusel
150 g Mehl
75 g Zucker
1 Päckchen Vanillinzucker
1 Msp. Zimt
100 g Margarine

Für die Füllung
3 Becher Sahne à 250 g
3 Päckchen Vanillinzucker
3 Päckchen Sahnesteif
450 g Pflaumenmus

Alle Zutaten für die Böden miteinander verkneten und kalt stellen. Aus den Zutaten für den Streuselteig die Streusel herstellen.

Den Knetteig in vier Teile aufteilen und vier dünne runde Böden (ca. 28 cm) ausrollen. Die Streusel darauf verteilen und bei 200° C Umluft etwa 15 Min. backen.

Drei Böden mit Pflaumenmus und Sahne bestreichen und schichten. Den vierten Boden in 12 Teile schneiden. Die Torte mit Sahne verzieren und die kleinen Stücke dazwischensetzen. Die fertige Torte mit Puderzucker bestreuen.

Tipp

Die Friesische Pflaumentorte schmeckt auch in Miniversion. Dafür einfach nur zwei Böden backen und die Torte mit Sahnetupfern verzieren.

Gaby Ostberg *(Stromberg)*

Wer sich in der Vorweihnachtszeit einen urigen Ort wünscht, wo man bei Kaffee und Kuchen die Kälte (und meist auch die Nässe) vergessen kann, der ist im Haus von Gaby Ostberg genau richtig.

An den Wochenenden öffnet sie ihr Gutshaus in Stromberg für alle, die in ihr Adventscafé kommen wollen. In der heimeligen Eingangshalle stehen dann Tische und Stühle unter einem großen Kronleuchter für die Gäste bereit, die es sich umgeben von Geweihen und alten Gemälden, Teppichen und Stickarbeiten gemütlich machen können.

Im alten Pflaumenbackhaus nebenan stellen die Stromberger Landfrauen Handgemachtes aus. Natürlich kann man die Socken und Schals, die gestickten Tischdecken, Körnerkissen gegen körperliche Beschwerden und Marmeladen auch kaufen.

Auf die Idee zu ihrem Adventscafé kam Gaby Ostberg vor gut sechs Jahren; sie fand, dass Kaffee und Kuchen ganz gut zu dem Weihnachtsbaumverkauf passen könnten, den die Familie Ostberg traditionell betreibt. Seitdem zieht ihr Café jedes Jahr Gäste aus der näheren und weiteren Umgebung an.

Nicht alle verlassen den Hof mit einem Tannenbaum unter dem Arm. Das liegt aber auch daran, dass viele – nachdem sie einmal die Mohntorte mit Marzipan oder die Stromberger Weihnachtstorte probiert haben – gerne noch einmal wiederkommen, bevor die Hausherrin nach Weihnachten ihre Tür wieder schließt. Denn das ganze Jahr über, da ist sie sich sicher, möchte Gaby Stromberg das Café nicht öffnen.

Vier ihrer fünf Kinder wohnen noch zuhause, dann ist da die Hausarbeit, das Mitorganisieren des großen Hofes und schließlich noch ihre Arbeit beim Landfrauenservice. Aber vor Weihnachten, da backt und dekoriert sie, kocht Kaffee und heißt die Gäste willkommen. Und schafft es, dass die Kälte und Nässe von draußen ganz schnell vergessen sind.

Mohntorte mit Marzipan

festlich

Zutaten

Zutaten für den Biskuitboden
3 Eigelb
1 EL heißes Wasser
150 g Zucker
110 g Mohn
150 g Mehl
1 TL Backpulver,
5 Tropfen Bittermandelöl
3 Eiweiß

Zutaten für die Füllung
3 Becher Sahne à 200 g
1 EL Zucker
200 g Marzipanrohmasse und 100 g Puderzucker (oder eine fertige runde Marzipandecke)
weihnachtliche Schokoplättchen

Zuerst das Eiweiß steif schlagen, dann die drei Eigelb mit dem Mixer verquirlen; das heiße Wasser dazugeben, anschließend den Zucker; so lange mixen, bis sich der Zucker aufgelöst hat. Das Mehl mit dem Backpulver über die Eimasse sieben, Mohn, Bittermandelöl und Eischnee ebenso in die Rührschüssel geben. Vorsichtig unterheben (nicht mit dem Mixer einarbeiten). Den Biskuitteig in eine gefettete Springform mit 26 cm Durchmesser geben und im auf 170° vorgeheizten Backofen ca. 15 Minuten backen. In der Form auskühlen lassen. Danach den Boden einmal durchschneiden, beide Hälften sollen gleich dick sein. Die Sahne mit dem Zucker steif schlagen und zwei Drittel davon auf den unteren Boden geben. Den oberen Boden auflegen und die Torte oben und rundherum mit dem größten Teil der restlichen Sahne bestreichen.

Puderzucker auf eine glatte Arbeitsfläche geben und mit der Marzipanrohmasse verkneten, dabei eine Kugel formen. Dann ein Nudelholz mit Puderzucker einstäuben und die Marzipanmasse rund ausrollen. Die Marzipandecke über die Torte legen und den Rand leicht andrücken. Die Oberfläche in Tortenstücke einteilen. Auf jedes Stück mit dem Spritzbeutel eine kleine Sahneverzierung spritzen und ein Schokoplättchen hineinsetzen.

Tipp

Wenn Sie die Marzipanrohmasse mit dem Puderzucker verkneten, dann muss der Zucker vom Marzipan ganz „aufgesogen" werden. Die Marzipankugel und auch die anschließend ausgerollte Marzipandecke haben zuerst ein helles, mattes Aussehen. Später dunkelt die Decke nach und fängt leicht an zu glänzen.

Hilde Kriege *(Lienen)*

Hilde Kriege betreibt am Ortsrand von Lienen allein eine kleine Hobby-Landwirtschaft. Zu ihrer Idylle gehören ein Pony, fünf Schafe, Kaninchen, Hühner, Katzen und ein einjähriges Rind. Das Rind ist der Nachfolger ihrer Kuh Lenchen. Als sie noch bei ihr war, machte Hilde Kriege aus der Milch Butter, Quark und Sahne selber. Darauf muss sie nun noch etwas warten.

Aber die Wolle ihrer Schafe verspinnt sie noch immer selbst und verstrickt sie – Ehrensache: Schließlich ist sie Mitglied in der Spinn- und Handarbeitsgruppe Lienen. Oft wird aus ihrer Wolle eine Jacke für den zweieinhalbjährigen Enkel Leon. Der fühlt sich sehr wohl auf dem kleinen Hof seiner Oma; er darf mit in den Hühnerstall, wenn sie die Eier einsammelt, und mit in die Küche, wenn sie sie anschließend zu einer leckeren Torte verarbeitet.

Vor komplizierten Backrezepten fürchtet sich Hilde Kriege nicht. Oft genug hat sie schon einem Profi über die Schulter geschaut und jede Menge Tricks dabei gelernt. Für die Landfrauen in der Umgebung organisiert sie regelmäßig Backkurse mit einem Konditor, und natürlich ist sie selber immer dabei, um noch etwas Neues zu lernen.

Offen gegenüber neuen Erfahrungen zu sein, ist für Hilde Kriege sehr wichtig. So sah sie dem Drehtag mit dem Kuchenbuffet-Team zunächst mit gemischten Gefühlen entgegen. Aber einmal entschlossen, die Orangen-Kuppel-Torte für uns zu backen, wollte sie auf keinen Fall einen Rückzieher machen. Zum Schluss stellte sie fest: „Es war ein schöner Tag. Es hat sehr viel Spaß gemacht, und es war sehr interessant." So sehr ihr ihre Tiere auch am Herzen liegen – sich nur mit ihnen und ihrem Haushalt zu beschäftigen, das reicht ihr nicht. Wichtig ist ihr der Kontakt zu anderen Menschen, und den pflegt sie, so oft sie kann. Unserem Team gab sie einen Leitspruch mit auf den Weg: Es gibt tausend Möglichkeiten, kleine Freuden zu erfinden, und an keiner darf man vorübergehen.

Orangen-Kuppel-Torte

raffiniert

Zutaten

Für den Mürbeteigboden
50 g Puderzucker, 100 g Butter, 150 g Mehl, 1 Prise Salz, 1 Päckchen Vanillezucker, einige Tropfen Backöl „Zitrone"

Für den Schokoladenbiskuit
6 Eier (zusammen ca. 350 g), 170 g Zucker, 5 EL kochendes Wasser, 1 Päckchen Vanillezucker, 1 Prise Salz, 80 g Mehl, 75 g Speisestärke, 10 g Kakao

Für den Belag
3 Orangen
1 Päckchen Instant-Puddingpulver ohne Kochen (Mandarine oder Zitrone)
300 ml Orangensaft, 5 Blatt Gelatine
400 ml Sahne mit 30 % Fett
1/2 Päckchen klarer Tortenguss
1–2 EL Aprikosenmarmelade

Für die Garnierung
geröstete Mandelblättchen

Für den Mürbeteig die kalte Butter mit Puderzucker, Vanillezucker, Salz und Backöl „Zitrone" in einer Schüssel oder auf der Tischplatte verkneten. Dann erst das Mehl dazugeben. Je schneller man mit den Händen arbeitet, desto schöner wird der Teig. Den Teig bis zur Weiterverarbeitung mindestens 1/2 Stunde kühl stellen. Anschließend ausrollen und in eine ungefettete Springform (Durchmesser 26 cm) geben, den Boden leicht andrücken. Einige Male mit der Gabel einstechen. Den Boden im vorgeheizten Ofen bei 180° etwa 10–15 Minuten backen. Er soll eine goldgelbe Farbe haben. Anschließend auf einem Kuchengitter auskühlen lassen.

Für den Schokoladenbiskuit den Backofen auf 175° vorheizen. Eigelb und Eiweiß trennen. Eigelb mit 120 g Zucker, Vanillezucker, Salz und dem heißen Wasser aufschlagen. Die Masse muss sehr weiß sein. In einer anderen Schüssel Eiweiß aufschlagen und den restlichen Zucker nach und nach einrieseln lassen. Eischnee unter die Eigelbmasse ziehen. Mehl, Speisestärke und Kakao vermischen, darüber sieben und kurz unterheben. Den Boden einer Springform (Durchmesser 26 cm) mit Backpapier auslegen, den Teig einfüllen und 45–50 Minuten backen. Auskühlen lassen.

Für den Belag die Orangen schälen, so dass auch die weiße Haut entfernt wird. Die Früchte in dünne Scheiben schneiden. Mit diesen Orangenscheiben eine Kuppelform auslegen. (Ersatzweise eine Glas- oder Keramikform oder ein Sieb nehmen; der Durchmesser muss 26 cm sein.) Die Sahne steif schlagen. Die Gelatine in kaltem Wasser einweichen. Das Puddingpulver mit dem Orangensaft verrühren. Nun die Gelatine nach Packungsanweisung auflösen und unter die Puddingcreme geben. Diese Creme kühl stellen, bis sie Bahnen zieht, dann die steif geschlagene Sahne unterheben. Etwas Creme in die Kuppelform füllen. Den Biskuitboden zweimal durchschneiden (ihn also in drei Lagen zerteilen). Aus der mittleren Lage mit dem Deckel einer Terrine von 18 cm Durchmesser einen Kreis ausschneiden. Diese Scheibe Biskuit auf die eingefüllte Cremeschicht legen. Die restliche Creme einfüllen und mit einer zweiten normal großen Biskuitlage (also nicht ausgestochen) abdecken. Die dritte Biskuitlage wird nicht benötigt und kann eingefroren werden. Die Torte zwei Stunden kalt stellen. Danach den Mürbeteigboden mit Aprikosenmarmelade bestreichen und mit der bestrichenen Seite auf die Torte legen. Dann die Torte stürzen und die Kuppel abnehmen. Den Tortenguss nach Packungsanweisung herstellen und die Torte damit dünn bepinseln. Den unteren Rand mit Mandelblättchen bestreuen.

Elisabeth Nünning *(Westbevern)*

Die Zitronentorte von Elisabeth Nünning war die erste Folge vom Kuchenbuffet, die Anfang Januar 2000 gesendet wurde. Körbeweise trafen daraufhin Rezeptanfragen in der Redaktion ein. Elisabeth Nünning selber musste ihr Rezept noch oft ins Faxgerät legen oder telefonisch weitergeben; als Ortsvorsitzende der Landfrauen in Westbevern ist sie in der Gegend gut bekannt.

Dazu kommt noch ihr Engagement im Hauptverband der Landfrauen in Münster – so bekam sie viele Anrufe von Frauen, die sie eigentlich gar nicht kannte. Elisabeth Nünning freute sich über so viel Interesse und über so viele neue Kontakte. Denn die sind ihr sehr wichtig.

Sie könnte sich nicht vorstellen, nur mit ihrer Hausarbeit beschäftigt zu sein. Wenn sie auch ein großes Haus versorgen muss und mit Putzen, Kochen, Waschen und Mithilfe bei der Stallarbeit ziemlich viel zu tun hat. Ihre ehrenamtliche Arbeit für die Landfrauen gibt ihr die Möglichkeit, immer wieder andere Menschen zu treffen und sich weiterzubilden.

So war sie im Jahr 2000 mit den Landfrauen mehrmals auf der Expo in Hannover, organisierte Fahrten nach Berlin und zu verschiedenen Musicals. Bevor sie Referenten einlädt, die vor den Landfrauen sprechen, besucht sie zuerst selber Seminare, um sich einen Überblick zu verschaffen.

Die Themenpalette ist breit: landwirtschaftliche Unternehmerinnen, Öko- oder konventionelle Landwirtschaft, wirksame Öffentlichkeitsarbeit. Wenn sie zu Hause in ihrem kleinen Büro arbeitet, erledigt sie ihre Korrespondenz samt Home Banking am liebsten am PC.

Die Gelegenheit, sich mit dem Umgang mit Computern vertraut zu machen, ergab sich, als eine ihrer vier Töchter einen Schreibmaschinenkursus belegen wollte. Elisabeth Nünning belegte ihn mit ihr zusammen: einen Schreibmaschinenkurs am PC. Seitdem sitzt sie mit viel Spaß vor ihrem Bildschirm und schreibt ihre Protokolle und formuliert Briefe. Ihre Devise: Wenn etwas nützlich ist und Spaß macht – warum nicht ausprobieren?

Zitronentorte raffiniert

ZUTATEN

Für den Knetteig
125 g Margarine
1 Päckchen Vanillinzucker
2 Eigelb
3 TL gemahlene Nüsse
1 EL Sahne
125 g Mehl
1/2 Päckchen Backpulver

Für die Baiserauflage
2 Eiweiß
100 g Zucker
100 g Mandelblättchen

Für die Zitronencreme
1/8 l Wasser
Saft von 3 Zitronen
150 g Zucker
4–5 TL Speisestärke
2 Becher Sahne
1 Päckchen Sahnesteif

Aus den Zutaten für den Knetteig im Mixer einen Teig kneten. Den Teig mit kühlen Händen schnell zu einer Wurst formen und in zwei gleiche Stücke teilen. Zwei Böden (28er Durchmesser) daraus ausrollen und auf zwei gefettete Backbleche legen, mit dem Tortenring die Form korrigieren. Dann für die Baiserauflage die beiden Eiweiß steif schlagen, zum Schluss den Zucker hinzufügen und noch kurz weiterschlagen. Die Masse auf die beiden Böden streichen. Mit Mandelblättchen bestreuen und bei 190° im vorgeheizten Ofen 45 Minuten backen (Umluftherd: 180° und nicht vorheizen). Einen Boden noch heiß in zwölf gleiche Stücke schneiden, dann beide Böden erkalten lassen.

Für die Füllung aus dem Wasser, Zitronensaft, Zucker und Speisestärke eine Creme kochen, dabei ständig rühren und nach dem Aufkochen in einem kalten Wasserbad abkühlen lassen. Die Sahne mit Sahnesteif sehr steif schlagen und die Hälfte der Sahne unter die erkaltete Zitronencreme geben. Die Masse auf den kalten unteren Boden geben, die übrige Sahne mit dem Spritzbeutel auf die Masse spritzen und die geschnittenen Baiserbodenstücke wie Fächer aufsetzen.

TIPP

Die Zitronencreme muss ganz abgekühlt sein, bevor Sie sie mit der Sahne vermischen. Sonst wird die Sahne wieder flüssig.

Maria Ratersmann *(Riesenbeck)*

Mit Kochen und Backen ist Maria Ratersmann bestens vertraut. Schließlich hat die Ökotrophologin alles von der Pike auf gelernt, und das heißt nicht nur Putzen und Kartoffelschälen, sondern Hauhaltsorganisation und die leckere, gesunde Zusammenstellung von Rezepten. Ihrer Familie kommt das jeden Tag aufs Neue zugute, denn Kinder, ihr Mann und die vielen helfenden Hände, die auf dem Bauernhof anpacken, müssen gut versorgt werden.

Vor ein paar Jahren beschloss Familie Ratersmann neu zu starten. Sie siedelten um, denn in der alten Gemeinde konnte der Schweinemastbetrieb nicht mehr wachsen. Die Umsiedlung war auch für Maria Ratersmann der Startschuss sich neu zu orientieren. Kurz entschlossen machte sie aus Hobby und gelerntem Beruf ein neues Standbein des Familienbetriebes: Service rund um die Küche für alle Kochmuffel ist ihr Angebot. Mit Backen für Freunde und Nachbarn fing es an. Vom viergängigen Menü bis zur Torte liefert sie heute alles direkt von Haus zu Haus, inklusive Geschirr und Tischdekoration, wenn gewünscht. Der Renner ist nach wie vor die Surenburger Schlosstorte, eigens kreiert für das nahe gelegene Schlosshotel in Riesenbeck.

Hier erkannte der Chefkoch schnell, dass selbstgebackene Torten das Kuchenbuffet attraktiver machten, und deshalb durfte sie auch auf dem WDR-Kuchenbuffet nicht fehlen. Einmal die Woche wird ans Schloss geliefert.

Die Konsequenz: Maria Ratersmann besitzt mittlerweile zwei Küchen, eine kleine normale Küche für den Familienalltag und eine professionell ausgestattete. Hier werden neue Kuchen kreiert, besonders beliebt sind derzeit Motivtorten mit eigenem Namenszug und Schmandkuchen in allen Variationen.

Surenburger Schlosstorte

aufwendig

Zutaten

Für den Biskuitboden

5 Eier
250 g Zucker
5 EL heißes Wasser
250 g Mehl
1 TL Backpulver

Für die Füllung

5 Eier
100 g Zucker
12 Blatt weiße Gelatine
3 EL Rum
3 EL Kirschwasser
30 g Krokant
30 g Schokoladenblättchen
1 l Schlagsahne (3/4 l in die Masse geben, 1/4 l zum Garnieren)
Rohmarzipan (wenn Rohmarzipan, dann mit 100 g Puderzucker verkneten; am besten eine fertige Marzipandecke aus dem Handel)
14–16 Walnusshälften

Aus allen Zutaten einen Biskuitboden herstellen, Eier und Eiweiß nicht trennen, sondern zusammen mit einem Mixer aufschlagen. Langsam Zucker und heißes Wasser hinzufügen. Zum Schluss Mehl und Backpulver unterrühren. Alles in eine Springform füllen und bei 200 Grad 35 Minuten lang im Backofen backen. Dann auskühlen lassen.

Die Eier aufschlagen und im Wasserbad oder Simmertopf mit dem Zucker schaumig schlagen und pasteurisieren, d. h. auf ca. 80 Grad erhitzen. Die eingeweichte Gelatine in die noch warme Masse geben und alles leicht fest werden lassen.

Die gut gekühlte Schlagsahne steif schlagen. In die fest gewordene Eimasse den Alkohol geben, anschließend die Schlagsahne unterheben und vorsichtig mit Krokant und Schokoladenblättchen vermischen.

Den Biskuitboden zwei- oder dreimal durchschneiden. Einen Boden auf eine flache Tortenplatte legen und einen Tortenring darum legen. Und dann wird geschichtet: abwechselnd die Füllung und den Biskuitboden. Dann die Schlosstorte im Kühlschrank mindestens zwei Stunden fest werden lassen. Zum Schluss mit einem heißen Messer den Tortenring vom Kuchen lösen und die Marzipandecke auflegen. Überstehende Reste für Plätzchenverarbeitung abschneiden. Zum Schluss mit Sahnetupfern aus dem Spritzbeutel und Nusshälften garnieren

Tipp

Wer auf die Marzipandecke verzichten möchte, sollte es mit kleinen Marzipanstreifen oder mit Dekorblättern versuchen.

Annemarie Hahner *(Lotte)*

Annemarie Hahner ist Landfrau aus Überzeugung. Als Vorsitzende der Landfrauen in Lotte und im Tecklenburger Land hat sie viel zu organisieren. Für den Landfrauen-Service macht sie außerdem Gästeführungen und zeigt Besuchern aus Schleswig-Holstein oder dem Ruhrgebiet das schöne Tecklenburger Land und seine kulinarischen Spezialitäten.

Seit einiger Zeit ist sie auch noch Botschafterin. Ihre Mission: den Verbrauchern heimische Agrarprodukte nahe zu bringen. Im Jahr 2000 war da zum Beispiel die Schulmilchkampagne. Da musste sie zuerst die Schulleiter, Hausmeister und Lehrer davon überzeugen, dass es sinnvoll ist, für die Schüler Schulmilch anzubieten; manchmal eine ziemlich schwierige Aufgabe. Wenn diese erste Hürde genommen war, konnte sie in die Klassen gehen und den Kindern erklären, warum Milch so gesund ist. An die 100 Botschafterinnen sind wie Annemarie Hahner in ganz Nordrhein-Westfalen unterwegs. Sie werben in Supermärkten für die Vorteile kurzer Transportwege, auf Messen und Ausstellungen verteilen sie ihr Informationsmaterial oder machen Gruppenführungen in landwirtschaftlichen Betrieben. Initiiert wurde das Projekt vom Westfälisch-Lippischen Landfrauenverband.

Die Landfrauen bringen für die Arbeit gute Voraussetzungen mit: Viele haben eine Ausbildung als Hauswirtschaftsmeisterin und leben auf Höfen mit Tierhaltung. Trotzdem werden sie vor ihrem ersten Einsatz zur Auffrischung ihrer Kenntnisse erst drei Tage lang in Ernährung, Warenkunde, Tierhaltung und Präsentation geschult. Annemarie Hahner hat selber nicht mehr viel Zeit für Tiere. Aber ihre Bullen haben Hahners sowieso schon vor ein paar Jahren abgeschafft, und seit kurzem haben sie auch keine Schafe mehr. Trotzdem beschäftigen sie Rindviecher nach wie vor. Denn in Zeiten von BSE gibt es für die Botschafterinnen heimischer Agrarprodukte viel Aufklärungsarbeit zu leisten.

Frankfurter Kranz

klassisch

Zutaten

Für den Teig
4 kl. Eier, 6 EL lauwarmes Wasser
190 g Zucker, 1 Päckchen Vanillinzucker
120 g Mehl, 110 g Speisestärke
1/2 Päckchen Backpulver

Für die Creme
800 ml Milch
2 Päckchen Vanillepuddingpulver
zum Aufkochen
220 g Butter, 3 EL Rum
4 EL Zucker

Für den Krokant
30 g Butter, 2 EL Zucker
250 g gehackte Mandeln

Außerdem
225 g Johannisbeergelee
und 3–4 zerschnittene Belegkirschen

Den Ofen auf 200° vorheizen. Eiweiß und Eigelb trennen. Eigelb mit Zucker, Vanillinzucker und lauwarmem Wasser zu einer glatten Creme aufschlagen. Das Eiweiß sehr steif schlagen und dann zur Eigelbmasse geben, anschließend das mit Speisestärke und Backpulver vermischte Mehl darüber sieben und alles vorsichtig miteinander vermengen. Den Teig in eine gefettete Frankfurter-Kranz-Form oder in eine Rührkuchenform geben und bei 200° eine halbe Stunde backen. Danach auf einem Gitter auskühlen lassen.

Für die Creme müssen alle Zutaten Zimmertemperatur haben. Von den 800 ml Milch 6 EL abnehmen und das Puddingpulver damit anrühren. Dann die Milch aufkochen und das angerührte Pulver einrühren. Auf Zimmertemperatur abkühlen lassen (gelegentlich umrühren, damit sich keine Haut bildet). Danach die Butter mit dem Zucker schaumig schlagen, dann bei gleich bleibender Rührstufe löffelweise den Pudding zugeben. Zum Schluss den Rum langsam zugießen und gut mit der Creme verrühren.

Für den Krokant die Butter in einer Pfanne schmelzen lassen, dann den Zucker zugeben und umrühren, bis er flüssig wird. Nun die Mandeln dazugeben und unter Rühren so lange vorsichtig erhitzen, bis sie hellbraun sind. Dann sofort vom Herd nehmen und auf eine kalte Platte, die vorher mit kaltem Wasser abgespült oder mit etwas Öl eingerieben wurde, zum Abkühlen geben.

Den Boden in vier Lagen schneiden. Die unteren drei Lagen zuerst mit Johannisbeergelee bestreichen, dann auf den untersten Boden eine Schicht Creme auftragen und den nächsten Boden darauf legen, ebenfalls mit der Creme bestreichen und den Deckel aufsetzen. Nun die Creme bis auf einen kleinen Rest auf dem kompletten Kranz verteilen. Danach die Oberfläche mit Krokant berieseln. Zum Schluss mit einem Spritzbeutel aus der restlichen Buttercreme Tupfen aufspritzen und jeden Tupfer mit einem kleinen Stück Belegkirsche verzieren. Die Belegkirschen kann man auch durch Johannisbeergelee ersetzen. Am besten den Frankfurter Kranz über Nacht im Kühlschrank durchziehen lassen.

Tipp

Anstelle von Johannisbeergelee können Sie auch Aprikosenmarmelade verwenden. Es sollte nur eine herbe Marmelade sein, da die Creme süß ist.

Ehepaar Dopheide *(Münster-Hiltrup)*

Kochen – alles Käse! Diese Meinung haben die Dopheides revidiert, obwohl sie bei ihrer Heirat vor 40 Jahren nicht im Traum daran dachten, dass Kochen einmal zum Hobby würde. Heute ist Käse für sie ein Muss und gehört zu jedem Menü. Natürlich verwöhnen sie ihre Gäste auch schon mal mit Käsetorte. Sie gelingt fast immer, und Mann und Frau können es leicht lernen.

Hannelore und Theodor Dopheide sind dafür das beste Beispiel. Als sie heirateten, konnte keiner so recht kochen und die Lust zum Kochen und Backen fehlte erst recht. Zudem mangelte es auch an Zeit, denn zwei Kinder, der Beruf als Polizeihauptkommissar, Dozent und starkes ehrenamtliches Engagement in der münsterischen Kommunalpolitik ließen für Hobbys kaum Raum. Das änderte sich mit der Pensionierung.

Zeit hatten nun beide und so ging es ran an den Speck – und nicht nur an ihn. Kein Gericht war mehr vor ihnen sicher, egal ob westfälische Küche oder französisches Feinschmecker-Essen. Mit dem Ausprobieren klappte es manchmal nicht auf Anhieb, aber Übung macht bekanntlich den Meister.

Und meisterhaft waren bisher ihre Erfolge bei Hobbykoch-Wettbewerben. So ziert ein Siegerpokal des Henriette-Davidis-Kochwettbewerbs ihr Regal mit mehr als 300 Kochbüchern. Etliche davon stammen aus Frankreich, dem Land, wo heute noch ein Familienzweig der Dopheides ansässig ist.

So lässt sich das Angenehme mit dem Nützlichen, die Ahnenforschung und die Organisation von Familientreffen in der Provence mit Gaumengenüssen verbinden.

Zu Hause wird mindestens einmal die Woche gekocht, verwöhnt werden nicht nur Gäste, beide genießen auch gerne mal einen Abend mit fünf Gängen zu zweit.

Kuchen gehört nicht allzu oft dazu, denn Hannelore Dopheide zieht ein herzhaftes abgehangenes Rinderfilet einem Stück „Schwarzwälder Kirsch" vor.

Aber ihre Käsetorte, handgeknetet auf ihrem alten Küchentisch, der bisher jeder Teigrolle standhielt, hat es in sich – und zwar jede Menge weiße getrocknete Bohnen. Der Trick von Hannelore Dopheide: Der Boden wird mit Bohnen blind gebacken (ohne Füllung). Sie verhindern, dass der Teig sich wölbt.

Käsetorte raffiniert

ZUTATEN

Für den Teig
100 g Zucker
150 g Butter
300 g Mehl
1 Msp. Salz
1 Ei
außerdem:
Butter und Zwieback- oder Semmelbrösel für die Form
Hülsenfrüchte zum Blindbacken

Für die Füllung
500 g Quark
150 g Zucker
3 TL Vanillezucker (kein Vanillin!)
1 EL (gehäuft) Mehl
1 EL (gehäuft) Speisestärke
abgeriebene Schale einer Zitrone
7 Eigelb
7 Eiweiß
50 g Zucker
50 g zerlassene Butter

Das Mehl auf eine Arbeitsfläche geben und in die Mitte eine Mulde drücken. Den Zucker in die Mulde streuen und das Ei dazugeben. Die gut durchgekühlte Butter in Stücke schneiden und darüber geben. Alles mit einem Messer oder Teigspachtel gründlich durchhacken. Dann alles rasch mit kühlen Händen zu einem Teig kneten. Den Teig zu einer Kugel formen, in Folie wickeln und im Kühlschrank mindestens eine Stunde ruhen lassen. Dann den Teig ausrollen und eine gefettete und mit Zwieback- oder Semmelbröseln bestreute Springform damit auskleiden. Den Boden bei 180 Grad ca. 15 Minuten blindbacken, d. h. die mit Teig ausgeschlagene Form mit Backpapier auslegen und mit Hülsenfrüchten beschweren. So bleibt der Boden schön flach und der Rand rutscht nicht herunter.

Für die Füllung Quark, Zucker, Vanillezucker, Mehl, Speisestärke, Zitronenschale und Eigelb verrühren. Die Eiweiß mit den 50 g Zucker steif schlagen und zusammen mit der Füllung auf den vorgebackenen Boden füllen. Bei 180 Grad 20 Minuten backen; dann den Kuchen aus dem Ofen nehmen, mit einem spitzen Messer zwischen Füllung und Teigrand rundum entlang fahren, fünf Minuten außerhalb des Ofens ruhen lassen; dann wieder in den Backofen schieben und in 20 Minuten fertig backen. (Auf diese Weise wird das Problem jedes gebackenen Käsekuchens vermieden, nämlich dass er wunderbar aufgeht, aber nach dem Backen in der Mitte sehr stark zusammenfällt.) Den Kuchen aus der Form lösen und abkühlen lassen.

TIPP

Wer Käsetorte mit Früchten mag, kann Rosinen oder Kirschen hinzugeben. Vorsicht: Die Früchte müssen gut abgetrocknet sein.

Annette Cornelius *(Münster)*

Gut 400 qm schafft Annette Cornelius spielend. So groß ist ihr Schrebergarten mitten in Münster, aber so groß könnte auch die Fläche sein, die ihre ungezählten Bleche Donauwellen bedecken. Genau nachgemessen hat das Kuchenbuffet-Team nicht, aber nach über 20 Jahren Hobbybäckerei ist dies bestimmt eine realistische Zahl.

Donauwellen sind die Spezialität von Annette Cornelius und das schon seit Jahren. Natürlich gibt es auch Marmorkuchen oder Kirschtorten, aber ihre Donauwellen sind unerreicht.

Das meinen jedenfalls auch alle Freunde und Verwandten. Jeder, der Annette Cornelius einlädt, weiß, dass ein Blech Donauwellen als Mitbringsel zur Geburtstagsfeier oder zum Familienfest schon fast Routine ist. Auch Freunden hilft sie mit einem Blech Donauwellen aus, wenn sie ihren Besuch verwöhnen möchten. Gebacken wird natürlich auch für die eigene Familie, vor allem wenn der Picknickkoffer für den Schrebergarten gepackt wird. Hier haben Donauwellen einen Vorteil: quadratisch, praktisch, gut; und in kleine Stücke geschnitten lassen sie sich gut verpacken.

Keine Tortengarnitur ist beim Verpacken im Weg und keine Sahne läuft aus oder wird sauer, nur die Schokolade zaubert bei warmem Sommerwetter verschmierte Schleckermäuler. Kaffee und Kuchen beim Klönschnack in der Schrebergartenanlage fördern die Arbeitsmoral: Nach der Kaffeepause geht das Hacken und Rasenmähen doppelt so schnell.

Der Auftritt im WDR-Kuchenbuffet hielt für Annette Cornelius noch eine besondere Überraschung parat. Eine Schulfreundin, die sie seit vielen Jahren aus den Augen verloren hatte, meldete sich aus Saarbrücken. Damit hatte unsere Bäckerin überhaupt nicht gerechnet. Kabelfernsehen und Satellitentechnik machen eben vieles möglich.

Donauwellen klassisch

Zutaten

Für den Teig
- 200 g Butter oder Margarine
- 250 g Zucker
- 6 Eier
- 350 g Mehl
- 1 Päckchen Backpulver
- 2 EL Kakao und 2 Gläser Sauerkirschen

Für die Buttercreme
- 0,5 l Milch
- 1 Päckchen Vanillepudding
- 100 g Zucker
- 250 g Butter
- abgeriebene Schale und Saft einer Zitrone
- 100 g Halbbitterschokolade
- 100 g Vollmilchschokolade
- und 100 g Kokosfett

1. Arbeitsgang
Kirschen abtropfen lassen, Backofen auf 175° C vorheizen

Zubereitung des Teiges
Fett schaumig schlagen und Eier unterrühren. Mehl und Backpulver mischen und ebenfalls unterrühren. Teig halbieren. In eine Hälfte des Teiges den Kakao mischen. Den hellen Teig auf einem gefetteten Backblech verteilen und den dunklen Teig gleichmäßig darüber streichen. Die abgetropften Kirschen darauf verteilen und im vorgeheizten Backofen ca. 30 Minuten backen. Aus dem Backofen nehmen und auskühlen lassen.

Zubereitung der Buttercreme
Aus Milch, Puddingpulver und Zucker einen Pudding kochen und abkühlen lassen. Butter, abgeriebene Zitronenschale und Saft mit dem Mixer 10 bis 15 Minuten dick-schaumig schlagen. Den fertigen Pudding nach und nach unterrühren und danach auf den Kuchen streichen. Kühl stellen. Die Schokolade und das Kokosfett im Wasserbad schmelzen und unter Rühren abkühlen lassen. Die fertige Glasur auf der Creme glatt streichen und mit einer Gabel Wellen hineinziehen.

Tipp
Für Singlehaushalte empfiehlt sich eine kleinere Portion. Einfach alle Zutaten halbieren und eine Springform nehmen.

Berthold Tillmann / Cornelia Bergmann *(Münster)*

Für Münsters Oberbürgermeister Dr. Berthold Tillmann ist Kommunalpolitik das Salz in der Suppe, „aber die Suppe koche ich gerne selber und zwar am liebsten am heimischen Herd“, bekennt Münsters erster Bürger. Dabei macht er sich keine Illusionen über seine kulinarischen Möglichkeiten und Grenzen. „Ich koche nicht gut, aber gerne, und das gemeinsam mit Ehefrau Cornelia“, so bringt das Ehepaar seine Kochleidenschaft auf den Punkt. Naschen, kochen sowie ab und zu backen spielten für Berthold Tillmann schon immer eine wichtige Rolle, z. B. in Mutters Garten im Sauerland. Keine Blaubeere war vor ihm sicher. Bei den Pfadfindern wurde er sofort als Sippenkoch verpflichtet, und beim Kartoffelkochen und Gulascheintopf lernte er die ersten Handgriffe auf der Gitarre. Kulinarisch weiter ging es dann als Kellner in einem feinen Sauerländer Restaurant und in Studentenzeiten folgte ein Abstecher in die Spülküche eines Schlafwagens der Deutschen Bundesbahn. Schließlich entdeckte er die regionale französische Küche – es war Liebe auf den ersten Blick.

Und der hat er zusammen mit seiner Frau bis heute die Treue gehalten.

Im turbulenten Alltag bleibt heute zu wenig Zeit zum Kochen und Backen, meist wird nur noch am Wochenende gebrutzelt, mehr Würziges gekocht als Süßes gebacken. Die Lauchtorte ist für ihn genau der richtige Kompromiss zwischen beidem. Kochen und Essen – das ist Spannung und Entspannung zugleich. Das Ehepaar Tillmann liebt es genau so: am heimischen komfortablen Elektroherd in Münster ebenso wie am holzgefeuerten Küchenherd im einsamen Waldhaus im Sauerland. Montags geht es dann wieder an die Zubereitung des politischen Menüs der kommunalpolitischen Speisekarte. Das Motto des Bürgermeisters: „Wem es in der Küche zu heiß ist, der darf kein Koch werden.“

Lauchtorte würzig

Zutaten

1 Päckchen Tk-Blätterteig
(ca. 4–6 Blätter, je nach Größe der Form)
Butter und Brotbrösel zum Ausfetten und Bestreuen der Form
500–700 g Lauch
200 g gekochter Schinken
2 reife Fleischtomaten
150 g grob geriebener Käse
(je nach Geschmack ein mehr oder weniger herzhafter Käse oder auch eine Käsemischung)
2–3 Eier
1/2 l Sahne
Pfeffer frisch aus der Mühle, Salz, Muskat
(Menge je nach Geschmack)

Tipp

Hinweis zur Kuchenform
Da diese herzhafte Torte nicht aus der Form genommen wird, ist eine feuerfeste Glas- oder Keramikform (rund oder eckig) recht dekorativ. Je nach Geschmack kann man diese Zutaten zu einer dünn belegten großen Torte oder zu einer dick belegten kleineren Torte verarbeiten.

Den Teig auftauen, ein wenig ausrollen und in eine mit Butter und Brösel vorbereitete Form legen. Den Teig mit einer Gabel mehrfach einstechen und ca. 10 Minuten (je nach Packungsangabe und Backofentyp) backen, bis eine kleine Bräunung sichtbar ist.

In der Zwischenzeit den Lauch putzen, waschen, in kleine Ringe schneiden und in kochendem, leicht gesalzenem Wasser ca. 3 Minuten blanchieren. Unter kaltem Wasser den Lauch abschrecken, um seine grüne Farbe zu erhalten, und in einem Sieb abtropfen lassen. Den Schinken in briefmarkengroße Stückchen schneiden, die Tomaten in kleine Teile schneiden (je nach Geschmack zuvor enthäuten und entkernen). Den vorgebackenen Teig aus dem Backofen nehmen, den gut abgetropften Lauch auf dem Boden verteilen, darauf den Schinken und die Tomaten verteilen.

Die Eier mit Sahne, Salz, Pfeffer und Muskat verquirlen, den geriebenen Käse hinzugeben. Diese Mischung gut über die Torte verteilen. Wer es kräftig mag, kann in die Käse-Eimasse noch ein paar Stückchen rohen Schinken geben, sie werden recht kross und geben Würze.

Im vorgeheizten Backofen ca. 45 Minuten backen (evtl. die dickeren Torten bei geringer Temperatur anschließend noch ruhen lassen). Temperatur: im klassischen Backofen 250°, bei anderen Backöfen entsprechend niedriger. Nach einiger Zeit die Temperatur etwas herunterdrehen, damit der Belag gut durchgetrocknet wird. Bei beginnender Bräunung evtl. die Torte mit einer Alufolie abdecken, damit nichts verbrennt.

Mechthild Mersmann *(Oelde-Lette)*

Als Mersmanns auf ihrem Hof noch Milchvieh hatten, wäre Mechthild Mersmann nie auf die Idee gekommen, sich ein Spinnrad samt Kardiermaschine zum Wolle-Kämmen zu kaufen. Das kam erst, als sie die Kühe abgeschafft hatten und überlegten, was sie mit dem Restgrünland rund um ihren Hof in Lette tun wollten.

Schafe waren die Lösung. Das ist nun gut 20 Jahre her und immer noch finden Mersmanns, dass es ein guter Gedanke war. „Vor 15 Jahren wurden dann überall Kurse angeboten, wie man Wolle verarbeitet und spinnt. Das hat mich irgendwie interessiert.“ Sie lernte, die geschorene Wolle mit der Kardiermaschine zu kämmen, zu spinnen und mit Naturfarben zu färben. Ihr Wissen wollte sie nicht für sich behalten und ging in Schulen, um den Kindern bei Projekttagen zu zeigen, was mit der Schafwolle passiert, bevor daraus ein Pullover werden kann. Ab und zu kommen Gruppen aus dem Kindergarten zu ihr auf den Bauernhof. Die gehen dann zu den Schafen. Anschließend zeigt Mechthild Mersmann ihnen die Wolle, „spinnt ihnen etwas vor“, wie sie sagt, und lässt dann die Kinder selber probieren. Sie findet es wichtig, dass Kinder einen Bezug dazu bekommen, woher die Produkte stammen, die sie tagtäglich umgeben. Dackel Asra ist immer mit dabei, wenn Mechthild Mersmann sich zu ihren Schafen aufmacht. Eigentlich züchten Mersmanns seit 20 Jahren große Münsterländer, aber einen Dackel gab es immer schon bei ihnen. Ihr Mann ist Jäger und ein Dackel muss einfach mit auf die Jagd.

Mechthild Mersmann selber jagt nicht. Sie verbringt ihre freie Zeit lieber im Heimathaus „Letter Deele“, dort übt die örtliche Volkstanzgruppe, die sie seit acht Jahren leitet. Alle zwei Wochen kommt ein Trainer und arbeitet mit ihnen. Mechthild Mersmann organisiert und koordiniert die Termine für die Proben und natürlich für die öffentlichen Auftritte. Aber Zeit um einen Kuchen zu backen bleibt ihr zwischendurch immer, denn Backen ist eins ihrer liebsten Hobbys.

Himmelstorte

sahnig

ZUTATEN

Für den Teig
375 g Margarine
375 g Mehl
150 g Zucker
4 Eier
1 Päckchen Backpulver
zusätzlich 200 g Zucker und 100 g Mandelblättchen für die Baisermasse

Für die Füllung
1/2 l Sahne

TIPP

Die Böden geraten am besten, wenn Sie sie bei Ober- und Unterhitze backen und nicht mit Umluft. Allerdings sollten Sie sie dann auch einzeln in den Ofen geben, damit jede Oberseite braun und kross werden kann.

Aus Margarine, Zucker, 1 Ei, 3 Eigelb, Mehl und Backpulver einen Rührteig herstellen. Den Backofen vorheizen. Ein Viertel des Teigs auf dem gefetteten Boden einer Springform (26 cm Durchmesser) verteilen. Dann die 3 Eiweiß und die 200 g Zucker zu Eischnee schlagen. Ein Viertel der Eischneemasse auf dem ersten Teigboden verteilen und mit Mandelblättchen bestreuen. 15–20 Minuten bei 175° backen (am besten bei Ober- und Unterhitze). Auf diese Weise nacheinander vier Böden herstellen.

Wenn die Böden ausgekühlt sind, die Sahne ungezuckert steif schlagen. Den ersten Kuchen vorsichtig vom Springformboden lösen und auf eine Tortenplatte gleiten lassen. Ein Drittel der Sahne gleichmäßig darauf verstreichen. Nacheinander die anderen Kuchen von ihren Springformböden lösen und abwechselnd mit Sahne aufeinander schichten. Ganz oben soll eine Kuchen-Baiser-Schicht liegen. Die Torte kann man frisch servieren, aber auch, wenn sie einen Tag durchgezogen ist.

Susanne Rimkus *(Warendorf)*

Die Einladung des WDR-Kuchenbuffets kam schon etwas überraschend für die Landstallmeisterin des NRW-Landgestüts in Warendorf, aber sie zögerte dann doch nur einen kurzen Moment und sagte ja. Schließlich ist Backen eines ihrer Hobbys aus Studientagen, für das aber zurzeit leider nur wenig Zeit bleibt.

Die über 100 Hengste in den Ställen des Landgestüts erfordern nun mal die ganze Frau. Besondere Lieblinge hat sie bei den Pferden keine, ihr sind alle ans Herz gewachsen, besonders die schweren Jungs, die Kaltblüter, die auf der Grünen Woche für ihr imposantes Auftreten schon jede Menge Preise abstaubten. Spezielle Lieblinge sind ihre beiden Hunde. Sie begleiten sie fast immer auf Schritt und Tritt, das bereitet keinem am Arbeitsplatz Probleme, denn egal ob Schreibtisch, Stall, Weide oder Dressurviereck: Platz gibt's genug.

Susanne Rimkus zählt zu den Ausnahmen in der Pferdewelt, denn Landstallmeisterinnen sind in Deutschland rar gesät. Sie kann beides: Theorie und Praxis, reiten und organisieren, und so sitzt die Chefin nicht nur am Computer, sondern auch im Sattel, aber nur für ein oder zwei Stunden pro Tag. Am Schreibtisch sitzt sie länger, denn das Management des Deckgeschäfts der Hengste, die Lehrlingsausbildung und die Auswahl der Hengste für bestimmte Leistungsprüfungen erfordern ihre ganze Kraft. Krönender Höhepunkt der Arbeit ist die alljährliche Hengstparade, die jedesmal Tausende von Zuschauern anlockt. In diesem Jahr steht die Feier des 175-jährigen Geburtstags des Landgestüts ins Haus.

Zeit fürs Backen bleibt da kaum, aber wenn Schwester Juliane auf Besuch kommt, wird nicht nur gemeinsam geritten, sondern auch in der Küche gemeinsam gerührt, ganz wie in alten Kinderzeiten. Aus diesen Tagen stammt auch das Rezept für die Schokoladen-Buttercreme, die klassische Kindergeburtstagstorte ihrer Mutter, die auf keiner Feier fehlen durfte.

Schokoladen-Buttercreme

cremig

Zutaten

4 Eier
2 Päckchen Vanillezucker
150 g Butter
200 g Zucker
120 g Mehl
60 g Speisestärke
2 Päckchen Vanillesoßenpulver
2 gestr. TL Backpulver
2 Päckchen Schokoladenpuddingpulver
1 l Milch (1,5 oder 3,5 % Fett)
250–500 g Haferflocken
(kernige oder blütenzarte – Menge und Art je nach Geschmack)
5–6 EL lauwarmes Wasser

Tipp

Am besten schmeckt der Schokoladenpudding, wenn er gekocht wurde – oder mit heißer Milch zubereitet wurde.

Schokoladenpudding nach Anleitung auf der Verpackung zubereiten und anschließend kühl stellen. Falls sich Haut bildet, muss sie vor der Weiterverarbeitung abgehoben werden.

Teigherstellung:
Die Eier in Eigelb und Eiweiß trennen. Aus Eiweiß und ca. 50–60 g Zucker einen steifen Eischnee herstellen, anschließend kühl stellen. Den Rest Zucker plus Vanillezucker und lauwarmes Wasser mit dem Eigelb verquirlen; so lange schlagen, bis eine helle luftige Eimasse entsteht, dann den Eischnee unterheben und vorsichtig umrühren. Abschließend Mehl, Speisestärke, Backpulver und Vanillesoßenpulver darüber sieben und unterheben.

Die fertige Teigmasse in eine Springform (Durchmesser 26 cm) füllen und bei 175 Grad (Umluft) ca. 10 Minuten backen (Normalherd ca. 200 Grad 10–15 Minuten). Abkühlen lassen und in drei gleich große Böden teilen.

In der Zwischenzeit den Schokoladenpudding mit der Butter zu einer Creme verrühren.

Die Haferflocken in einer beschichteten Pfanne rösten. Falls keine beschichtete Pfanne zur Hand ist, mit 1–2 TL Fett in einer normalen Pfanne rösten.

Zum Schluss die Torte schichten: gebackener Boden, Schokoladen-Buttercreme, Boden, Schokoladen-Buttercreme, Boden. Zum Abschluss die ganze Torte mit Schokoladen-Buttercreme gleichmäßig bestreichen und die gerösteten Haferflocken darüber streuen.

Rita Schmittmann *(Stadtlohn)*

Den schnellen Nusskuchen auf dem WDR-Kuchenbuffet verdankt das WDR-Team eigentlich Luckas und Phillip, den Söhnen von Rita Schmittmann. Sie mögen die Kuchenköstlichkeiten ihrer Mutter und waren felsenfest davon überzeugt, dass solche Backkünste ins Fernsehen gehören. Schließlich schrieb Rita Schmittmann einen Brief mit einem Rezeptvorschlag. Ostern war es dann soweit, die drei präsentierten ihren Nusskuchen in Hasenform.

Und das hatte seinen Grund, denn Stallkaninchen sind das heiß geliebte Hobby von Luckas und Phillip.

Backen liegt der Familie Schmittmann im Blut: Der Großvater war gelernter Bäcker und das scheint Nachwirkungen zu haben. Rita Schmittmann probiert gerne etwas Neues aus, trotz regelmäßigem Nachtdienst im Krankenhaus nimmt sie sich dafür die Zeit. Die Kollegen der Kinderkrankenschwester testen gerne, ihren Geschmack trifft Rita Schmittmann fast immer. Die Favoriten sind schnelle Blechkuchen, z. B. altdeutscher Apfel- und Pflaumenkuchen.

Ihre Familie hat es lieber salzig statt süß. Renner sind Brote, am besten Vollkorn oder Ciabatta, am liebsten lauwarm, frisch aus dem Ofen, mit und ohne Aufschnitt. Luckas und Phillip helfen gerne mit und ergreifen auch schon mal selbst die Initiative und greifen zu Mixer und Rührschüssel. Waffeln klappen schon ganz gut, beim Kuchen kann schon mal etwas schief gehen, aber Übung macht bekanntlich den Meister

Nusskuchen schnell

Zutaten

400 g Butter oder Margarine
200 g Zucker
6 Eier
150 g Blockschokolade oder normale Vollmilchschokolade
300 g Mehl
200 g gemahlene Haselnüsse (es funktioniert auch mit anderen Sorten, z. B. Mandeln)
1 Päckchen Backpulver
1 Päckchen Vanillinzucker
2–3 Tropfen Bittermandelöl
zum Abschmecken ein Schuss Weinbrand
Dekorationsmaterial

Zuerst die Eier schaumig schlagen, dann Zucker hinzugeben; so lange rühren, bis er sich gelöst hat. Schließlich alle weiteren Zutaten nacheinander hinzugeben und gut verrühren. Der Teig reicht zur Füllung einer normalen Kastenform (ca. 25 cm lang). Sie sollte mit Fett und Semmelbröseln gut bestrichen werden, damit nichts anbackt und sich der Kuchen gut aus der Form lösen lässt.

Backzeit: 1 Stunde bei 150 Grad mit Ober- und Unterhitze.

Dekoration je nach Geschmack: z. B. mit Puderzucker, Zucker oder Schokoguss.

Tipp

Der Nusskuchen schmeckt mit einer Sorte Nüsse genauso gut wie mit einem Nussmix. Wer will, kann auf die Schokolade verzichten und den Nusskuchen selbst garnieren. Ein idealer Teig, der in jede Kuchenform passt.

Gunnar Schiak, Lucee Stein, Birgit Schön und Hinnerk Schröer *(Münster)*

Eigentlich bewohnen sie ihre 120 Quadratmeter große Mietwohnung zu fünft. Manchmal sind sie aber vorübergehend zu sechst, zum Beispiel, wenn jemand Nettes zum Studienbeginn dringend eine neue Bleibe sucht und so schnell in Münster nichts findet. Oder sie sind nur zu viert, wie auf dem Foto – da suchten sie gerade eine/n neue/n Fünfte/n.

Gefunden ist er mittlerweile und heißt Björn. Wenn jemand auszieht, ist die Suche für den „harten WG-Kern" gar nicht so einfach. Denn Gunnar, Lucee, Hinnerk und Birgit sehen sich nicht als Zweck-Wohngemeinschaft. Wer hier einzieht, der soll zu ihnen passen. Deshalb sind alle dabei, wenn neue Bewerber zum Vorstellen und Wohnung-Ansehen kommen. Zum Kennenlernen wird dann zusammen Kaffee getrunken und geredet.

Wenig Aussichten, hier aufgenommen zu werden, hatte neulich ein Kandidat, der die Zimmer der anderen Bewohner nicht sehen wollte. „Das war uns einfach zu wenig Interesse für die anderen. Wichtig ist, dass die Chemie stimmt, dass man sich sympathisch ist." Erst seit Birgit in diese WG eingezogen ist, ist ihr so etwas wichtig. Zuerst suchte sie einfach nur ein bezahlbares Zimmer, aber mittlerweile findet sie, dass die Gemeinschaft ein Glücksfall ist. „Es geht familiär bei uns zu. Wir machen viel zusammen, gehen gemeinsam auf Partys." Trotzdem besteht bei ihnen kein Mitmachzwang. Gunnar studiert Jura und Hinnerk will Grundschullehrer werden; in Zeiten mit besonders viel Arbeit zieht man sich eben zurück. Veränderungen kommen aber nicht nur durch neue Mitbewohner in die WG, sondern auch dadurch, dass jemand von ihnen seine Pläne ändert. Lucee hat sich beispielsweise entschlossen, ihr Lehramtsstudium für Germanistik und Spanisch an den Nagel zu hängen und stattdessen Hebamme zu werden. Birgit arbeitet nicht mehr als biologisch-technische Assistentin, sondern will ein Designstudium anfangen. So gibt es immer neue Ideen und Entwicklungen bei ihnen. Und glücklicherweise ist dann meist jemand da, mit dem man das alles bereden kann.

Rotweinkuchen

einfach

Zutaten

- 200 g Butter
- 200 g Zucker
- 3 Eier
- 1 EL Zimt
- 1 EL Kakao
- 250 g Mehl
- 2 TL Backpulver
- 150 g Blockschokolade
- 1/8 l Rotwein
- 1 Packung helle oder dunkle Kuvertüre

Zuerst die Blockschokolade zu Schokoraspeln zerreiben. Dann Butter und Zucker schaumig rühren, danach die Eier dazugeben. Anschließend Zimt und Kakao daruntermixen. Mehl und Backpulver unterrühren. Die Blockschokolade mit dem Teig vermengen und dann den Rotwein gut einarbeiten. Den Teig in eine gefettete Kastenform geben und im vorgeheizten Ofen bei 175° etwa 60 Minuten backen.

Nach dem Auskühlen die Kuvertüre im Wasserbad schmelzen und den Kuchen damit bestreichen.

Jörg Terjung *(Lüdinghausen)*

Alle Jahre wieder beginnt bereits im September die Weihnachtsbäckerei und jedes Jahr werden aufs Neue Stollen gebacken. In der Adventszeit schmecken sie am besten und die Kundschaft fragt bereits im Herbst danach. Genau wie viele andere Berufskollegen hat Jörg Terjung seine Spezialrezepte, und die verrät er nicht gerne. Doch seine Kunden fragen sehr oft im Geschäft nach, wie Stollen hergestellt und gebacken werden. Das war für den Bäckermeister Anlass genug, zusammen mit der Familienbildungsstätte in Lüdinghausen einen Schnellkurs über Stollenbäckerei anzubieten. Mit oder ohne Marzipan, fünf Sorten standen auf dem Programm. Neu für alle, auch für das WDR-Kuchenbuffet, das Stollenbäckern einmal über die Schulter schaute: ein so genannter „Kiepenkerl-Stollen", mit Korn und Pumpernickel. Eingeladen war natürlich auch ein original Münsterländer Kiepenkerl: Christoph Davids. Er assistierte und probierte natürlich, ob auch alle Zutaten stimmten. Beim Korn war er sich nicht so ganz sicher, und da mussten schon ein paar Gläschen geleert werden um die Qualität zu testen. Das Endresultat schmeckte ihm köstlich.

Auch die übrigen Kursteilnehmer waren begeistert, denn nach vier Stunden in der Backstube wusste jeder, wie aufwendig Stollenbacken ist. Egal ob in der Form gebacken oder frei geschoben, die Teigzubereitung, der Hefeansatz und das Kneten braucht seine Zeit. Bis zum letzten Tunken in Butterfett und Zucker sind viele Arbeitsgänge erforderlich, die für Jörg Terjung manchmal Überstunden bedeuten, aber das Weihnachtsgeschäft ohne Stollen, ohne neue Varianten wäre undenkbar.

Kiepenkerl-Stollen

klassisch mit Pfiff

Zutaten

1000 g Mehl, Type 405
100 g frische Hefe
300 ml Vollmilch
300 g Butter (zimmerwarm)
170 g Zucker
15 g Stollengewürz
(gibt es fertig im Handel)
2 Eier
250 g Pumpernickel oder Schwarzbrot
180 g gemahlene Nüsse
500 g Rosinen
100 ml Korn

Dieses Rezept ergibt 3 kg Stollen. (Wer weniger möchte, z. B. nur 1,5 kg, nimmt nur die Hälfte.)

Die Rosinen eine Nacht in Korn einweichen. Die Hefe zerbröseln, Milch leicht erwärmen und die Hefe darin auflösen. Die Hälfte des Mehls in eine Schüssel geben, eine kleine Kuhle formen und die Hefemilch hineingeben. Langsam zu einem Teig verkneten und kurz gehen lassen. Hefeansatz mit Mehl bestäuben.

In der Zwischenzeit die weiche Butter mit Zucker, Salz, Stollengewürz und Eiern mit dem Mixer so lange aufschlagen, bis eine lockere, luftige Masse entsteht.

Jetzt den Hefeteig-Test durchführen: Wenn die obere Teigdecke reißt, ist der Hefeteigansatz fertig. Die Fett-Ei-Zuckermasse mit Mehl und dem Ansatz zum Hefeteig verkneten. Mit dem Mixer oder in der Küchenmaschine erst auf niedrigster Stufe drei Minuten kneten, anschließend zwei Minuten auf höchster Stufe. Den Teig anschließend aus der Schüssel nehmen, einen Ballen herstellen und eindrücken. In diese Vertiefung das zerbröselte Schwarzbrot, die Nüsse und die eingeweichten Rosinen geben. Jetzt kurz durchkneten und abschließend eine Teigrolle formen und aufs Backblech setzen.

Backzeit: 60 Minuten bei 190 Grad im Umluftherd, bei normalen Herden ca. 20 bis 30 Grad höher einstellen. Zusätzlich eine Tasse Wasser in den Backofen stellen.

Wenn der Stollen aus dem Ofen kommt, kurz mit kaltem Wasser abreiben – so bleiben die Poren geöffnet. Danach sofort mit flüssiger Butter bestreichen, einziehen lassen und mit Zucker plus Puderzucker bestreuen.

Tipp

Am einfachsten ist es, zuerst den Hefeteig herzustellen, dann Zucker, Eier, Fett plus Gewürze aufzuschlagen und schließlich beides vorsichtig miteinander zu verkneten. Dann kann nichts schiefgehen.

Hedwig Breuing *(Rosendahl-Darfeld)*

Im Hauptberuf ist Hedwig Breuing Bäuerin. Auf ihrem Hof in Rosendahl-Darfeld halten Breuings Schweine, Sauen und Bullen, und eigentlich ist immer mehr als genug zu tun.

Aber ganz mag sie ihre Arbeit als Ökotrophologin nicht aufgeben, und so gibt sie noch Hauswirtschaftskurse an der Familienbildungsstätte in Coesfeld. Der besondere Renner sind zur Zeit Herrenkochkurse: Hedwig Breuing kocht mit den Teilnehmern ein leckeres Menü, und wenn es fertig ist, kommen deren Frauen zum Essen. In der Vorweihnachtszeit geht aber nichts über die Knusperhäuschen-Kurse. Da melden sich Eltern mit ihren Kindern an, und jeder fabriziert sein Lieblingshäuschen.

Das Grundmodell ist immer gleich. Denn der Lebkuchenteig für die Wände und das Dach wird, wenn er gebacken ist, nach einer Vorlage geschnitten. Aber trotzdem geraten alle Knusperhäuschen irgendwie verschieden. Jedes Kind hat seine eigene Vorstellung davon, wie die Dekoration sein soll.

Über 150 Knusperhäuschen hat Hedwig Breuing mittlerweile zusammengesetzt, aber langweilig findet sie es immer noch nicht. Früher hat sie jedes Jahr zuhause mit ihrer Tochter und ihrem Sohn eins gebaut. Nun sind die beiden erwachsen und haben andere Dinge im Sinn. Aber dafür macht es Ines und Lena, ihren Nichten, großen Spaß, all die bunten Süßigkeiten mit der Puderzuckerklebepaste zu befestigen.

Wenn sie sich nicht gerade um den Hof, den eigenen Haushalt oder ihre Kurse kümmert, dann findet man Hedwig Breuing meist mit einer Handarbeit im Wohnzimmer sitzend. Seit einigen Jahren widmet sie sich einer alten Handarbeitstechnik namens Occhi (sprich: okki), die von China nach Europa gekommen ist. Mit zwei Schiffchen und Seidenfäden arbeitet sie Ringe und Ösen, aus denen Spitzen und Deckchen entstehen. Dabei muss sie ständig die schon gearbeiteten Ringe zählen – eine Geduldsund Konzentrationsarbeit. Hedwig Breuing entspannt sie. So ganz ohne etwas in den Händen könnte sie sich sowieso nicht hinsetzen und Pause machen.

Knusperhäuschen

festlicher Klassiker

ZUTATEN

Zutaten für den Lebkuchenteig
- 250 g Honig
- 190 g Zucker
- 2 Eier
- 500 g Mehl
- 1 Päckchen Backpulver
- 5 g gemahlener Zimt
- 1 kleine Msp. gemahlene Nelken

Zutaten für die Verzierung
- 2 Pakete Puderzucker
- 1 Eiweiß
- 1 Blatt rote Gelatine
- verschiedene Süßigkeiten zum Bekleben nach Geschmack

Außerdem
- 1 Holzplatte mit Goldfolie bezogen
- Watte für den Schornstein und am besten auch eine kleine Hexe, Hänsel und Gretel

Honig und Zucker in einem Topf auf dem Herd erhitzen, bis der Zucker flüssig ist. Das Gemisch darf nicht zu heiß werden, sonst karamellisiert es und wird hart. Die Honig-Zucker-Flüssigkeit im Topf abkühlen lassen, bis sie lauwarm ist; dann nacheinander mit dem Mixer die Eier hineinrühren. Danach Mehl, Backpulver, Zimt und Nelken mischen und unter die Eimasse mixen. Den Teig auf ein mit Backpapier ausgelegtes Backblech streichen. Lebkuchenteig ist immer etwas zäh, jemand sollte das Backpapier festhalten, sonst verrutscht es. Mit einem Spatel, den Sie immer wieder in Wasser tauchen, die Oberfläche möglichst glatt streichen. Den Teig bei 180–200° im Backofen ca. 20 bis 30 Minuten backen, bis er eine schöne braune Farbe hat.

Während des Backens eine Schablone aus Pappe zuschneiden, mit deren Hilfe Sie dann die Grundrisse aus dem Teig schneiden.

Für die Dachseiten schneiden Sie zwei Rechtecke mit den Kantenlängen: 15 cm und 19,5 cm; für Vorder- und Rückwand zwei Dreiecke mit den Kantenlängen: 18 cm, 18 cm und 16 cm. Für die Tür schneiden Sie mittig auf der 16 cm breiten Linie eines der Dreiecke ein kleines Rechteck von 4 cm Höhe und 3,5 cm Breite aus; oben aus der Dreieckspitze noch einen kleinen Kreis für die Fensteröffnung.

Wenn der Teig fertig gebacken ist, sofort stürzen, das Backpapier abziehen und mit Hilfe der Pappschablonen die zwei Dachseiten und Vorder- und Rückwand ausschneiden, solange der Teig noch heiß ist. Aus einem der Dreiecke Tür und Fenster ausschneiden. Aus dem Rest Lebkuchen noch ein längliches Stück für den Schornstein ausschneiden und evtl. einen Tannenbaum.

Anschließend das Eiweiß mit einem Paket Puderzucker verrühren; das ist die Klebemasse für die Verzierung. Nun alle Kanten der Dachseiten und der Vorder- und Rückwand mit der Klebemasse bestreichen und zusammensetzen. Aus der roten Gelatine ein kleines Stück für das Fenster ausschneiden, an den Seiten einstreichen und auf die Fensteröffnung setzen. Die Unterseite der Türöffnung einstreichen und die Tür einsetzen. Nun die Süßigkeiten aufkleben. Zum Schluss die Watte auf den Schornstein kleben und die Landschaft um das Knusperhäuschen bauen.

Wenn alles fertig ist, kurz mit Wasser durch einen Zerstäuber besprühen. Danach mit Puderzucker bestäuben.

Marita Belau und Annette Edelhoff *(Telgte)*

Die erste Frage, die Marita Belau und Annette Edelhoff gestellt bekommen, wenn ihre Schüler die Schulküche betreten, ist jedes Mal: „Was essen wir heute?" Die beiden Lehrerinnen unterrichten unter anderem Hauswirtschaft und dazu gehört, dass sie regelmäßig Kurse in Backen oder Kochen anbieten.

Mädchen wie Jungen melden sich gleichermaßen zu den Wahlpflichtkursen an. Sie sind alle zwischen 12 und 15 Jahre alt und besuchen die Clemens-Hauptschule in Telgte. „Das Vorwissen, das die Jugendlichen von zu Hause mitbringen, wird immer weniger", berichtet Marita Belau, „außer bei den Mädchen aus Aussiedlerfamilien oder aus türkischen Familien, die kennen sich schon ein bisschen aus."

Aber was ihnen an Vorwissen fehlt, das machen die TeilnehmerInnen mit Enthusiasmus wett. Immer wieder erfahren ihre Lehrerinnen, dass für die Schüler und Schülerinnen am schönsten an diesem Unterricht das gemeinsame Tun und anschließend das gemeinsame Essen ist. Für Marita Belau ist das Wichtigste, dass sie Kontakt zu den Jugendlichen bekommt: „Ich gehe zu den verschiedenen Grüppchen, die gemeinsam werkeln, und komme ganz leicht mit allen ins Gespräch. Manchmal erfahre ich dann auch von den Sorgen, die manche haben. Das ist sonst oft schwierig."

Und nebenbei lernen die Jugendlichen etwas, das sie in ihrem normalen Alltag benutzen können: Vollwertküche, internationale Rezepte oder das Backen nach Grundrezepten. Marita Belau freut sich besonders, wenn Schüler sie später noch einmal nach einem Rezept fragen oder wenn sie berichten, dass sie zu Hause ein Gericht oder einen Kuchen ausprobiert haben und wie das funktioniert hat. Denn dann ist das Wissen mit dem Schulgong nicht hinter verschlossenen Türen zurückgeblieben, sondern mit nach Hause genommen worden.

Weihnachts-plätzchen

einfach

Zutaten

Schoko-Zimt-Sterne

250 g Weizenmehl, 1 Msp. Backpulver
100 g Zucker, 1 Päckchen Vanillinzucker
1 Ei, 125 g Margarine, je 1 Msp. Zimt, Kardamom und gemahlene Nelken
Für die Verzierung: 1 Paket Kuvertüre (je nach Geschmack Zartbitter oder Vollmilch)

Vanillekipferl

250 g Weizenmehl, 1 Msp. Backpulver, 125 g Zucker, 1 Päckchen Vanillinzucker, 3 Eigelb (Eiweiß für die Kokosplätzchen zurückstellen), 200 g Butter oder Margarine, 125 g gemahlene Mandeln
Für die Verzierung: 50 g Puderzucker und 1 Päckchen Vanillinzucker

Kunterbunte Weihnachtskekse

250 g Mehl, 1 TL Backpulver, 150 g Zucker, 1 Prise Salz, 1 Fläschchen Zitronenaroma, 1 Ei, 125 g Margarine
Für die Verzierung: 1/2 Paket Puderzucker und 3 TL Wasser (evtl. etwas mehr Wasser, es soll eine zähflüssige, aber glatte Paste entstehen), außerdem Lebensmittelfarbe in verschiedenen Farben und bunte Streusel

Kokosplätzchen

250 g Weizenmehl, 1 gestr. TL Backpulver, 75 g Zucker, 2 Päckchen Vanillinzucker, 1 Ei, 125 g Butter
Für den Belag: 3 Eiweiß, 150 g Zucker, 175 g Kokosraspel, 3 Tropfen Bittermandel-Aroma, Kirschmarmelade

Schoko-Zimt-Sterne

Die Zutaten für den Teig zu einem Mürbeteig verkneten. Dann den Teig mit den Händen schnell zu einer Kugel formen und für 20 Minuten in den Kühlschrank legen. Eine Arbeitsfläche und ein Nudelholz bemehlen und den Teig ausrollen. Mit je einer großen und einer kleinen Sternchenform gleich viele Teigsterne ausstechen. Die Sterne auf ein mit Backpapier ausgelegtes Blech legen; bei 180–200° im vorgeheizten Ofen acht bis zehn Minuten backen und auf einem Kuchengitter abkühlen lassen. Die Kuvertüre im Wasserbad auflösen. Je einen großen und einen kleinen Stern zur Hälfte in die Schokolade tauchen und versetzt aufeinander legen. Die Plätzchen auf dem Kuchengitter trocknen lassen.

Vanillekipferl

Die Zutaten für den Teig wie oben zu einem Mürbeteig verarbeiten. Nach dem Kühlen aus dem Teig lange Würste formen, die Sie in jeweils eineinhalb Zentimeter lange Stücke schneiden. Dann daumendicke Röllchen aus den kleinen Stückchen formen; die Enden etwas dünner rollen und als Hörnchen geformt auf das ausgelegte Backblech legen. Bei 175–200° im vorgeheizten Backofen ca. zehn Minuten backen. Puderzucker und Vanillinzucker mischen und die Kipferl noch warm in der Mischung wälzen.

Kunterbunte Weihnachtskekse

Die Zutaten für den Teig wie oben zu einem Mürbeteig verarbeiten. Nach dem Ausrollen mit beliebigen Förmchen Pätzchen ausstechen; bei 180–200° im vorgeheizten Ofen zehn bis zwölf Minuten backen und auf einem Kuchengitter abkühlen lassen. Aus Puderzucker und Wasser eine glatte, zähe Paste anrühren und sie mit ein paar Tropfen Lebensmittelfarbe bunt färben. Die Oberseite der Plätzchen erst in die farbige Paste drücken, danach in die Streusel. Trocknen lassen.

Kokosplätzchen

Die Zutaten für den Teig wie oben zu einem Mürbeteig verarbeiten. Nach dem Ausrollen runde Plätzchen ausstechen. Das Eiweiß sehr steif schlagen, dabei den Zucker einarbeiten und zum Schluss die Kokosraspel unterheben, dann das Bittermandel-Aroma einrühren.

Auf die Plätzchen in die Mitte je einen Klecks Kirschmarmelade setzen und mit einem Spritzbeutel einen Rand aus der Kokos-Eiweiß-Masse darum herum spritzen. Bei 200° im vorgeheizten Ofen zehn bis fünfzehn Minuten backen. Abkühlen lassen.

Susanne Heiland *(Sassenberg-Füchtorf)*

Als Susanne Heiland mit ihrem Mann und den zwei Töchtern vor zwei Jahren aus dem Ruhrgebiet wegzog, um sich im Münsterland niederzulassen, da wollte sie vor allem eins: Leben mit Tier und Mensch im Einklang.

Auf dem alten Gutshof, der zum Schloss Harkotten in Sassenberg-Füchtorf gehört, hat sie ihre Wahlheimat gefunden. Die beiden Pferde der Familie stehen gleich hinter dem Haus, dahinter beginnen Wald und Wiesen; das Münsterland eben mit seinem ganz eigenen Charme. Susanne Heiland ist dem dann auch sofort erlegen und verbringt so viel Zeit wie möglich draußen in der Natur.

Schon bald nachdem sie ihr neues Heim bezogen hatte, fiel ihr die große alte Jagddeele auf; ein bis dato ungenutzter Raum, der sich – wie sich bei einem Selbstversuch herausstellte – gut für Feiern eignete. Energiegeladen machte sie sich an die Arbeit, richtete ein und dekorierte, und nun kann man sich bei ihr einmieten, wenn man etwas zu feiern hat. Ab 15 Personen aufwärts bekocht und bebackt sie ihre Gäste.

Ihre neueste Erfindung, die – wen wundert's – gut zu diesem historischen Ort passt: das Landsknecht-Essen. Zur Begrüßung gibt's eine Fanfare und als Besteck nur Löffel und die eigenen Hände. Entsprechend zeitgemäße Bekleidung hält die Gastgeberin vorrätig, nur die eigene gute Laune müssen die Gäste mitbringen. Wer lieber mit Messer und Gabel isst, der meldet sich besser für das Spanferkelessen oder einen Fondueabend an. Anmelden muss man sich beim Gutshof Harkotten auf jeden Fall, denn Susanne Heiland öffnet ihre alte Jagddeele nur auf Bestellung. Wer aber schon einmal bei ihr war, dem fällt ziemlich sicher ein neuer Anlass für die nächste Feier ein, denn es fällt schwer, diesen gastlichen Ort wieder zu verlassen. Leben mit Tier und Mensch im Einklang: Das ist ihr wirklich gut geglückt!

Weihnachtliche Schlosstürmchen

ausgefallen

Zutaten

Zutaten für den Teig
5 Eier
180 g Zucker
65 g Mehl
65 g Speisestärke
2 EL warmes Wasser
knapp 1/2 TL Backpulver
1 Prise Salz, 1 EL Rum

Zutaten für den Belag
4 gehäufte EL gemahlene Haselnüsse
2–3 gehäufte EL Mandelblättchen
125 g Marzipanrohmasse
4 EL Himbeermarmelade
(nach Geschmack etwas mehr)
400 ml Schlagsahne
2 Päckchen Vanillinzucker
2 Päckchen Sahnesteif
weihnachtliche Süßigkeiten
(z. B. Marzipankartoffeln)
1/2 Packung Puderzucker
frische Zitronenmelisse

Die ganzen Eier mit dem Rührgerät schaumig schlagen, dabei die zwei Esslöffel warmes Wasser zugeben, anschließend den Zucker; so lange weiterschlagen, bis der Zucker sich aufgelöst hat. Dann Mehl, Speisestärke und Backpulver mischen und über die Eimasse sieben. Vorsichtig von Hand unterheben, zum Schluss die Prise Salz und den Rum darunter mischen. Den Teig in einer gefetteten Springform (Durchmesser 26 cm) im vorgeheizten Ofen 30 bis 40 Minuten bei 175° backen. Den Boden, wenn er gut ausgekühlt ist, einmal durchschneiden.

Die gemahlenen Nüsse und die Mandelblättchen getrennt in der Pfanne anrösten, evtl. die Pfanne mit etwas Butter auspinseln. Erkalten lassen. Aus beiden Biskuit-Hälften mit einem Glas (ca. 7 cm Durchmesser) sieben Kreise ausstechen. Die 14 Biskuitkreise auf je einer Seite mit der Himbeermarmelade bestreichen. Dann die Marzipanrohmasse zwischen zwei Lagen Folie (Gefrierbeutel eignen sich gut) legen und mit einem Nudelholz ausrollen. Mit dem gleichen Glas wie vorher sieben Marzipankreise ausstechen und damit sieben Biskuitkreise belegen, anschließend die restlichen Biskuitkreise auf die Marzipanlage setzen. Die kalte Sahne mit dem Sahnesteif und dem Vanillinzucker steif schlagen und zum Schluss die gemahlenen Haselnüsse darunter heben. Mit einem Spritzbeutel die Sahnemasse auf die Türmchen füllen. Zum Schluss mit den Mandelblättchen bestreuen und eine Süßigkeit darauf setzen. Mit dem Puderzucker bestäuben und mit den Zitronenmelisse-Blättchen dekorieren.

Tipp

Wenn Sie die Biskuitkreise mit der Marmelade bestreichen, lassen Sie den Rand der Kreise frei, damit die Marmelade nicht an den Seiten herunterläuft.

Elsbeth Heeke *(Metelen)*

Freunde, Bekannte, Verwandte und Berufskollegen von Elsbeth Heeke haben Glück. Seit 25 Jahren werden sie in den Tagen zwischen Weihnachten und Neujahr statt mit Geschenken mit einer kleinen, besonderen Aufmerksamkeit bedacht.

Und das jedes Jahr aufs Neue: ein Glücksschweinchen statt Neujahrsgrüßen. Eigentlich kann jeder gleich hineinbeißen, denn das Schweinchen besteht aus Mürbeteig. Aber das tun die wenigsten. Sie lassen ihren Glücksbringer lieber in der Küche an der Pinnwand oder am Computer im Büro hängen, vielleicht hilft's. 150 Glücksschweinchen backt Elsbeth Heeke ab November. Die Teigmischung ist einfach, aber das Ausstechen recht schwierig. Lange wurde ausprobiert, welche runden Formen sich zu einem hübschen Schweinchen zusammenfügen.

Das Resultat: ein Bierglas, ein Schnapsglas und ein Strohhalm. Nach dem Backen erhalten die Schweinchen noch ein hübsches Outfit, eine nette Verpackung und Schleifchen um den Hals, alles selber erdacht und gemacht, denn Bastel- und Handarbeiten sind das Hobby von Elsbeth Heeke. Vor allem Kreuzstickereien – nach einem stressigen Büroalltag Entspannung.

Hier kommt es auf den Millimeter und die exakte Farbe an. Für die geübte Stickerin ist das kein Problem. Sie entwickelt eigene Motive und stickt so Geburtstagskarten: gestickte statt geschriebener Glückwünsche. Das schönste Kompliment machte Elsbeth Heeke im letzten Jahr eine Bekannte. Sie hatte nach 20 Jahren immer noch das erste Glücksschweinchen in der Schublade komplett erhalten.

Glücksschweinchen

einfach und schnell

Zutaten

Zutaten für den Teig

500 g Mehl
250 g Margarine oder Butter
150 g Zucker
2 Päckchen Vanillezucker
2 Eier

Zur Dekoration

1/8 l Vollmilch
1 Eigelb zum Bestreichen

Weiteres Zubehör

Zwei runde Formen zum Ausstechen mit einem Durchmesser von 5 bzw. 3,5 cm (es eignen sich z. B. Bier- und Schnapsgläser) und ein Strohhalm.

Das folgende Rezept ergibt ca. 30 Glückschweinchen

Alle Zutaten zu einem Mürbeteig verarbeiten und ca. eine Stunde im Kühlschrank ruhen lassen.

Dann die Glücksschweinchen ausstechen und zusammensetzen. Ein Schweinchen besteht aus sechs Teilen. Den Teig ca. 0,5 cm dick ausrollen. Bauch- und Kopfteile ausstechen (5 cm). Beides auf dem Backblech zu einem Körper zusammenfügen. Ohren und Schnäuzchen dann mit der kleineren Form ausstechen. Für die Ohren wird der kleine Kreis halbiert und dann mit etwas Vollmilch auf den Kopf geklebt. Um die Schnauze herzustellen, werden mit einem Strohhalm zwei Löcher in einen kleinen Kreis gebohrt. Die ausgestochenen kleinen Kügelchen dienen dann zum Schluss als Bauchwarzen. Die Schnauze ebenfalls – mit etwas Vollmilch an den Nahtstellen – auf dem Kopf befestigen. So entsteht die Schweinchen-Teigfigur. Ein Backblech reicht für 15 Schweinchen. Bevor sie in den Backofen geschoben werden, noch mit Eigelb glasieren. Bei 200 Grad ca. 15 bis 20 Minuten im Umluftherd backen (nach 10 Minuten Sichtkontrolle, damit der Teig nicht zu dunkel wird). Im normalen Herd brauchen sie ca. fünf Minuten länger. Nach ca. 10 Minuten mit Alufolie abdecken, damit die Schweinchen nicht zu braun werden.

Tipp

Wer keine Schweinchen mag, sollte selbst kreativ werden und Figuren entwerfen. So entsteht ein Geschenkanhänger oder Mitbringsel mit ganz persönlicher Note.

Jeanette Kuhn / Peter Wejdling *(Münster)*

51-mal haben die beiden Moderatoren der WDR Lokalzeit Münster das Kuchenbuffet anmoderiert und 51-mal sahen sie, wie es funktionierte. Beim 52. Mal mussten sie selbst ran.

Teamwork war gefragt, denn beide sind zwar begeisterte Hobbyköche, aber beim Backen trauten sie sich noch nicht so recht alleine an schwierige Tortenkunstwerke. Jeanettes Mutter half beiden mit einem einfachen praxisserprobten Rezept aus der Klemme: die Silvester-Champagnertorte. Ohne Generalprobe klappte beim ersten Drehtermin alles auf Anhieb. Jeder vom Autoren- und Moderatorenteam steuerte etwas dazu bei: Vom Sektglas bis zum Puddingpulver wurde Peters Küchenausstattung ergänzt, und so ging alles fast von alleine. Wichtigste Zutat: der Champagner! Peter und Jeanette empfehlen eine ganze Flasche. Es muss kein original französischer Champagner sein, einfacher Sekt reicht: etwas für die Creme und reichlich für ein paar Schlückchen zwischendurch. Das schmeckt immer und steigert die Motivation.

Nicht erst seit dieser Zeit hat das samstägliche Kuchenbuffet für die Moderatoren so seine Tücken. An diesem Tag ist die Studiokantine geschlossen. Das macht sich nach einem Samstagabend mit knurrendem Magen bemerkbar. Und dann noch leckere Naschereien ankündigen und anschauen, das verursacht schon mal Magenknurren. Kein Wunder also, dass Jeanette nach Dienstschluss schon mal direkt zum Schneebesen greift und ein Rezept der Serie nachbackt.

Das Lieblingsrezept von Peter Wejdling kommt aus Schweden: Erinnerungen an die Kindheit, denn der Wahlmünsteraner ist „Halbschwede“ und die Nordlichter mögen „Pepperkokar“ mit Sauermilch, und das nicht nur zur Weihnachtszeit.

à la Peter und Jeanette

Champagnertorte

leicht, aber mit Pfiff

Zutaten

Zutaten für den Boden
125 g Mehl
125 g Zucker
125 g Margarine
1 Päckchen Vanillezucker
3 Eier
1 TL Backpulver

Zutaten für die Füllung
400 ml Sahne
2 Päckchen Sahnesteif
400 ml Sekt
oder Champagner z. B. 2 Piccolo
2 Päckchen Instant-Puddingpulver
z. B. Zitrone-, Aprikose-, Maracuja- oder Pfirsich-Maracuja-Geschmack (Vorsicht: Fertig-Pudding muss mit Wasser und nicht mit Milch zubereitet werden können),
z. B. Aranca von Dr. Oetker

Zubereitung Boden

Zucker und Margarine schaumig schlagen. Die Eier nach und nach zugeben und verrühren, mit Backpulver vermischtes Mehl dazugeben. Alles gut durchrühren, bis ein cremiger Teig entsteht. Eine Springform (Durchmesser 26 cm) einfetten und mit Bröseln ausstreuen. Bei 175 Grad ca. eine halbe Stunde im Umluft-Backofen abbacken. Bei normalem Backofen etwas länger.

Den Boden auskühlen lassen und dann in der Mitte teilen, so dass zwei dünne Böden entstehen.

Zubereitung Füllung

Sekt in eine Rührschüssel geben. Puddingpulver langsam einrühren, die steif geschlagene Sahne langsam unterheben, bis keine Schlieren mehr zu sehen sind. Die Hälfte der Füllung auf den unteren Boden streichen, den anderen Boden als Deckel vorsichtig daraufsetzen und den Rest der Champagnercreme darauf verteilen – nicht vergessen auch die Ränder gut bestreichen.

Mit Schokoladenblättchen oder mit frischen Früchten garnieren.

Tipp

Die Champagnercreme lässt sich gut am Tag vorher zubereiten und dann kühl aufbewahren. Bleiben Reste, lässt sich aus der Creme plus Früchten, z. B. Pfirsichen, Orangen oder Zitronen, ein leckeres Dessert zaubern.

ABC

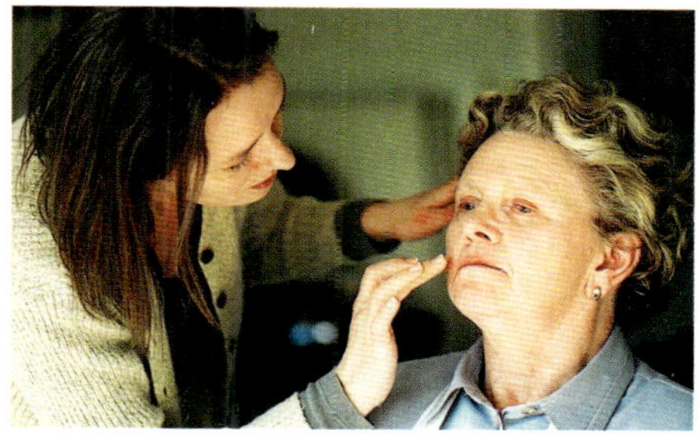

Impressum

Gestaltung: high standArt, Münster
Fotos: Atelier Dagmar Ossig, Münster
Korrektorat: Dorothea Raspe

Die Kuchen wurden für dieses Buch nochmals gebacken von

Bücker's
Café · Confiserie · Conditorei
Bistro · Catering

Gedruckt auf chlorfrei gebleichtem Papier
Printed in Germany
ISBN 3-7843-3096-7

Die Kuchenbuffet-Ausflugstipps

Hier finden Sie u. a. die Adressen und Öffnungszeiten der im Buch vorgestellten Bauernhofcafés

Gutshofdeele Schloss Harkotten

> Harkotten 2
48336 Sassenberg-Füchtorf
Tel. 0 54 26/93 31 03
Fax 0 54 26/93 31 05
Mobil 01 73/6 44 04 82
geöffnet nach Vereinbarung, für Gruppen ab 15 Personen

Adventscafé bei Gaby Ostberg

> Batenhorster Str. 1 (B 61)
59302 Oelde/Stromberg
Tel. 0 25 29/2 72
geöffnet Sa und So 14 – 18 Uhr in der Adventszeit

DRK Sonntagstreff für Alleinstehende und Senioren

> DRK-Haus, Steintor 1
48291 Telgte
findet an jedem 3. Sonntag im Monat von 14.30 bis 17 Uhr statt

Bauernmarkt auf dem Spargelhof Querdel

> Elve 27
48336 Füchtorf
Tel. 0 54 26/23 27
findet jedes Jahr Ende Mai/Anfang Juni statt

Spahn's Kaffeepott

> Kattmannskamp 4
48346 Ostbevern
Tel. 0 25 32/51 24
geöffnet Mi, Fr, Sa und an Feiertagen von 14 – 18 Uhr, So von 10 – 18 Uhr
Gruppen auch individuell nach Anmeldung, bis 70 Personen

Altes Gasthaus Leve

> Alter Steinweg 37
48143 Münster
Tel. 02 51/4 55 95
Fax 02 51/5 78 37
geöffnet täglich außer Mo von 12 – 24 Uhr

Rößmann's Schmandpott

> Freesland 29
59320 Ennigerloh
Tel. 0 25 24/95 07 42
Fax 0 25 24/95 07 41
geöffnet nach Vereinbarung, Gruppen bis 100 Personen

Backhaus am Angelbach

> Ostenfelder Str. 14
59269 Neubeckum
Tel. 0 25 25/72 03
Fax 0 25 25/61 77
geöffnet im Sommer Di, Sa, So 14 – 18 Uhr, im Winter So 14 – 18 Uhr
Gruppen von 10 – 60 Personen, individuell nach Voranmeldung

Dillmann's Speichercafé

> Kirchbauerschaft 18
48356 Nordwalde
Tel. 0 25 73/6 45
Fax 0 25 73/6 45
geöffnet Mi – Fr 14 – 21.30 Uhr, Sa und So 10 – 21.30 Uhr

Margret's Bauernlädchen

> Bauernhofcafé
Am Fürstenbusch 20
48599 Gronau
Tel. 0 25 62/31 00
Fax 0 25 62/9 72 64
täglich von 11 – 19 Uhr

26
KODAK 200-7
27
200-7 KODAK
28
KODAK 200-7
25A
26
26A
27
27A
28
24A